DE CEREVISIA 2

DE CEREVISIA

Bierliteratur des 16. Jahrhunderts

Bd. 2

JOHANNES PLACOTOMUS

DE NATURA ET VIRIBUS CEREVISIARUM ET MULSARUM

Über die Natur und Kräfte von Bier und Met (1550)

Zweisprachige Ausgabe
von Kai Brodersen

Kartoffeldruck-Verlag
Speyer 2024

Für Isidor

Bibliografische Information der Deutschen Nationalbibliothek

Die Deutsche Nationalbibliothek verzeichnet diese Publikation in der Deutschen Nationalbibliografie; detaillierte bibliografische Daten sind im Internet über http://dnb.d-nb.de abrufbar.

Frontispiz:
www.digitale-sammlungen.de/view/bsb00028914?page=144

Der Kartoffeldruck-Verlag publiziert zum reinen Selbstkostenpreis Bücher, die in jeder Buchhandlung bestellt werden können – insbesondere für Expertinnen und Experten in Altertumswissenschaft und Schule.

Druck: Libri Plureos GmbH, Friedensallee 273, 22763 Hamburg

2024

www.kartoffeldruck-verlag.de
ISBN 978-3-939526-76-6

Inhalt

Einführung 7

Lateinische Bierliteratur des 16. Jahrhunderts 9
Johannes Placotomus 9
De natura et viribus cerevisiarum et mulsarum 9
Bei der Leserschaft vorausgesetztes Wissen 12
Zu dieser Buchreihe 13

Text und Übersetzung 13

Georg Aemilius: Elegie 17
Widmungsbrief 21
An die Leserschaft 27

Erster Teil: Über das Bier 32/33

Über die Natur 32/33
Die Bestandteile des Biers 36/37: Wasser 36/37; Gerste 38/39; Weizen 40/41; Hopfen 40/41
Welche Art von Getränk Bier ist 46/47
Woher Biere die nährende Wirkung haben 48/49

Vergleich des Biers der Alten und unseres Biers 48/49
Vergleich von hellem und dunklem Bier 54/55
Vergleich von einfachem und gemischtem Bier 54/55
Vergleich von Wein und Bier 54/55
Weitere Unterschiede zwischen Bieren 56/57

Über das Kochen 58/59
Über die Konsistenz 58/59
Ob die frische oder ältere Bierart dicker ist 58/59
Über die Farbe 60/61
Über den Geruch 60/61
Über den Geschmack 60/61
Über das Alter 62/63
Gründe für die Haltbarkeit von Bieren 62/63
Über die Fässer 64/65

Über fehlerhaftes Bier 66/67
Über die zusätzlichen und überschüssigen Eigenschaften des Bieres 68/69: Schaum 68/69; Hefe 68/69; Sekundärbier oder Lora vom Bier 68/69; Über mittlere Biere 70/71
Über die wichtigsten Biersorten – Beispiele 72/73: Preußen 72/73; Polen 74/75; Litauen 74/75; Pommern 76/77; Mark Brandenburg 76/77; Hamburg 78/79; Lübeck 78/79; Goslar 80/81; Braunschweig und Einbeck 80/81; Rostock 82/83; Zerbst 82/83; Über die thüringischen Biere 84/85: Naumburg 84/85; Erfurt 84/85; Über die übrigen thüringischen Biere 86/87, Meißen 86/87; Torgau 86/87; Belgern 88/89; Freiberg 88/89; Wurzen 88/89; Wittenberg 88/89; Schlusswort 90/91
Über die aus Bier hergestellten Produkte 92/93 – Über den festen Schaum des Bieres und die Hefe oder das Sediment 94/95; Über Bieressig 96/97
Über künstliche oder gewürzte Biere 98/99
Über die Zubereitung von gewürztem Bier 100/101; Beispiele 102/103: Wermut 102/103; Rosen 102/103; Salbei 102/103; Ysop 104/105; Alant 104/105; Betonie 104/105; Beifuß 106/107; Polei 106/107; Oregano 106/107; Hirschzunge 106/107; Rosmarin 106/107; Zitronenmelisse 108/109; Lavendel 108/109; Narde 110/111; Wacholder 110/111; Pfirsichblätter 110/111; Lorbeer 110/111; Nieswurz 112/113; Tausendgüldenkraut 112/113; Nelkenwurz 112/113; Kirschen 114/115; Eichenblätter 114/115; Schlehen 114/115; Himbeere 116/117
Schlussfolgerungen über die Natur und Eigenschaften der Biere 118/119
Kurze Erklärung 124/125

Zweiter Teil : Über Met 144/145
Kleines Vorwort 114/145; Met 146/147; Nektar 147/149; Disputation über Met 162/163

Anhang 169
Literaturhinweise 169
Register 170

Einführung

Lateinische Bierliteratur des 16. Jahrhunderts

Die *Bibliographie des Brauwesens*, die der Schweizer Unternehmer und Gelehrte Fritz Schoellhorn (1863–1933) in den *Veröffentlichungen der Gesellschaft für die Geschichte und Bibliographie des Brauwesens* 1928 in Berlin herausgebracht hat und die seither als Standardwerk gilt, bietet als ersten Teil eine Übersicht über »Lateinische Brauereiliteratur« (S. 17–27; s. auch von der Planitz 1879, 30). Aufgezählt werden hier 79 zwischen 1549 und 1857 erschienene Werke, davon die ersten 10 Einträge aus dem 16. Jahrhundert. Auch wenn die Zusammenstellung nicht ohne Fehler ist (Nr. 1 ist nicht 1549, sondern 1546 erschienen; Nr. 3 ist erstmals 1550, nicht 1551 erschienen; der Autor von Nr. 4 ist nicht der genannte, sondern derselbe wie der von Nr. 3; Nr. 6 ist nicht 1555, sondern erst 1735 erschienen) und für einige, aber nicht alle Titel jeden Nachdruck einzeln zählt, ermöglicht Schoellhorns *Bibliographie* einen ersten Überblick über auf Latein geschriebene Werke zum Brauwesen aus dem 16. Jahrhundert.

Es fällt sogleich auf, dass die tatsächlich sechs distinkten für jenes Jahrhundert genannten lateinischen Schriften das Brauwesen zunächst nur am Rande behandeln. Das *Aerarium sanitatis* (»Schatzhaus der Gesundheit«) des Antonius Gazius (1546; Schoellhorn Nr. 1), bietet als Anhang eine von Gazius' Sohn Simon aus den Nachlass des Vaters publizierte *De vino et cervisia tractatio* (»Abhandlung über Wein und Bier«); der Beitrag des Jodocus Willichius (1551; Nr. 2) umfasst nur einen Exkurs zu *Zythi Germanici* (Germanischen / Deutschen Bieren) in seinem Kommentar zur *Germania* des antiken Historikers Tacitus.

Gleich vier von Fritz Schoellhorn genannte Werke (Nr. 3, 4, 7 und 8) sind wiederholte Ausgaben eines erstmals 1550 erschienenen Kommentars des Johannes Placotomus (Brettschneider, um 1514 – 1577) zum Werk *De tuenda bona valetudine* des

Erfurter Humanisten Eobanus Hessus (1488–1540). Als Anhang präsentiert Rembert Dodonaeus (1552; Nr. 5) in seiner *De frugum historia* (»Kunde von den Früchten«) einen Brief *De zytho et cerevisia* (»Über Zythos und Bier«). In der lateinischen Fassung einer Studie zum sog. Englischen Schweiß, einer Epidemie, die 1551 vor allem in England ausgebrochen war, ging der englische Hofarzt Johannes Caius (John Kays [ausgesprochen wie »Kies«], 1510–1573) der Frage nach, ob das englische Gebräu »Ale« eine Krankheitsursache sei, und erläutert dessen Herstellung (1556; nicht bei Schoellhorn). Und auch die *Oratio de confectione eius potus, qui … cerevisia vocatur* (»Rede über die Herstellung jenes Getränks, das *Cerevisia* genannt wird«) von Abraham Wernerus (1567; Nr. 9) ist nur eine von zwei zusammen publizierten akademischen Reden; die andere behandelt medizinische Aspekte der Luftröhre beim Menschen. Erst mit dem Werk *De cerevisia eiusque conficiendi ratione* (»Über Bier und die Methode seiner Herstellung«, 1585, Nr. 10) des Thaddaeus Hagecius (Tadeáš Hájek, 1525–1600) wird das Brauwesen Gegenstand einer eigenständigen lateinischen Schrift.

Johannes Placotomus

Johann Brettschneider (latinisiert Johann Placotomus), geboren um 1514 in Münnerstadt, gestorben 1577 in Danzig (Gdańsk), war Humanist und Mediziner. Er studierte seit 1530 an der Universität Wittenberg, später in Leipzig; 1541 erwarb er wieder in Wittenberg den Grad des Magister Artium. Anschließend studierte er Medizin und wurde 1543 zum *Medicinae Doctor* promoviert. Im Jahr darauf wurde er als Ordinarius auf die medizinische Professur an der von Herzog Albrecht neu gegründeten Universität Königsberg (Kaliningrad) berufen und – übrigens auf Empfehlung von Martin Luther – zugleich Leibarzt des Herzogs.

Nach theologischen und akademischen Streitigkeiten in Königsberg, die in der Widmung der hier präsentierten Schrift an den Danziger Rat (Senat) angedeutet sind, wechselte Placotomus 1552 nach Danzig auf eine Stelle als Stadtarzt und drei Jahre später auch als Ratsapotheker. Erneute theologische Streitigkeiten veranlassten ihn dann zum Wechsel nach Eisleben, in die Heimat seiner Mutter, doch kam er 1558 wieder nach Danzig zurück und übernahm 1566 auch erneut die dortige Ratsapotheke (aus jener Zeit stammt das auf S. 8 wiedergebene Bild), die er bis zu seinem Tod elf Jahre später leitete.

De natura et viribus cerevisiarum et mulsarum

Qui docuit crasso Cererem confundere succo,
Huic iratus erat Bacchus et ipsa Ceres.
Nam Pelusiaci qui laudat pocula Zythi,
Illi nec cerebrum, nec caput esse puto.
Renibus et nervis cerebroque hic noxius humor,
Saepe etiam leprae semina foeda iacit.

Wer lehrte, Ceres mit dickem Saft zu vermischen,
auf den war Bacchus zornig und auch Ceres selbst.

Denn wer die Zythos-Becher von Pelusion lobt,
der kann weder Sinn noch Verstand haben.
Für Nieren, Nerven und Gehirn ist dieser Saft schädlich,
oft sät er die bösen Samen des Aussatzes.

Diese drei lateinischen Distichen zum Bier finden sich in dem erstmals in Erfurt 1524 publizierten und 1531 überarbeiteten Buch *Bonae Valetudinis conservandae praecepta* (Rezepte für die Erhaltung der Gesundheit) des seinerzeit in Erfurt wirkenden Humanisten Eobanus Hessus (1488–1540). Dass es in dessen Versen hier um Cerevisia, Bier, geht muss seine Leserschaft aus dem Verweis auf Ceres, die Göttin des Getreides und damit Namensgeberin für die (aus Getreide hergestellte) Cerevisia erschließen, so wie Bacchus für den Wein steht. Pelusion (heute Tall al-Faramā am östlichsten Nilarm) steht für Ägypten, wo das *Zythos* genannte Bier entdeckt worden sein soll; die genannten Krankheiten sollen vom Biergenuss abschrecken.

Diese Distichen also nimmt Johannes Placotomus zum Anlass, eine Abhandlung über das Bier in seinen Kommentar zu Eobanus Hessus einzufügen.

Auf eine Elegie seines ehemaligen Mitstudenten, des Humanisten und Theologen Georg Aemilius (Georg Oemler, 1517–1569) über die Bedeutung von Trank und Speise für den menschlichen Körper und über die Wirkung von festen und flüssigen Nahrungsmitteln sowie speziell den Getränken auf das Leben und die Gesundheit des Menschen folgt des Autors eigene Widmung an den Danziger Senat (Rat). Erklärt werden die Gründe für die Abfassung eines Werks über Bier und dessen Eigenschaften, gefolgt von einer Verteidigung der eigenen Studien und dem Ruf nach gerechter Bewertung. Der Danziger Senat wird um Schutz und Unterstützung gebeten.

Der erste Hauptteil stellt sodann die Herkunft des Biers dar: Der Begriff *Cerevisia* leitet sich von Ceres ab, der Göttin der Landwirtschaft; zur Herstellung braucht man Wasser, Getreide und Hopfen. Es gibt Weizenbier, Gerstenbier und Mischungen verschiedener Getreidearten; das Ausgangsmaterial ist wichtig für die Bierqualität.

Im Detail behandelt werden dann verschiedene Arten von Wasser und deren Eignung zum (stets als »Kochen« bezeichneten) Bierbrauen, der Einfluss der Verarbeitung (Röstung, Gärung) auf die Wärme und Wirkung der Gerste bzw. des Weizens, der von Natur aus warm ist und besondere nährende Eigenschaften hat. Für den Hopfen wird auf seine wärmende und trocknende Wirkung verwiesen.

Auch Bier selbst habe dann Wärme, wofür Argumente *a priori* und *a posteriori* sprechen: Bier erwärmt den Körper und verursacht Trunkenheit. Verglichen werden kann Bier mit anderen Getränken der Antike, insbesondere Wein. Besprochen werden ferner die Unterschiede zwischen einfachem Bier und gemischtem Bier und der Einfluss des Alters und der Konsistenz des Biers auf seine Wirkung.

Ein umfassendes Kapitel gilt dann den lokalen Biersorten: Als »Königin der Biere« wird das Danziger Bier hervorgehoben. Hamburger Bier ist ein Weizenbier von hoher Qualität, das die Haut und den Körper stärkt. Biere anderer Regionen – Preußen, Polen, Litauen, Thüringen u. a. – haben jeweils eigene Qualitäten.

Für fehlerhafte Biere werden die Ursachen für schlechte Qualität benannt. Zuletzt wird auf die Bedeutung der Lagerung und des Alters für die Haltbarkeit und Qualität des Biers verwiesen.

Der zweite Hauptteil behandelt Met (*mulsum*). Erklärt werden die Unterschiede zwischen *mulsum* und *mulsa* und die Begriffe Met, Mulsum und Medon. Met wird aus Honig und Wasser hergestellt; die Qualität des Honigs ist besonders zu beachten. Met ist warm und trocken und besonders nützlich für kalte und feuchte Konstitutionen; er beeinflusst den Körper, insbesondere bei Nervenleiden und Brustbeschwerden. Met kann auch mit Kräutern gewürzt werden und erwirbt so heilende Wirkungen etwa bei Erkältungen, Gicht und anderen Leiden.

Ein Vergleich von Bier und Met ergibt, dass beide Getränke nahrhaft und der Gesundheit zuträglich sind. Unterschiede bestehen bei den Auswirkungen auf den Körper je nach

Konstitution und Dosierung. Abschließend fasst Placotomus die Eigenschaften von Bier und Met kurz zusammen und legt Thesen über die Natur und Kräfte von Bier und Met in kurzer Form vor.

Bei der Leserschaft vorausgesetztes Wissen

Nach der auch im 16. Jahrhundert herrschenden Auffassung war ein gesunder Körper durch eine ausgewogene Mischung (»Temperament«) der vier Säfte (Blut, Schleim, gelbe Galle, schwarze Galle) und der Eigenschaften warm / kalt und trocken / feucht gekennzeichnet. Geeignete Speisen und Getränke konnten einer Unausgeglichenheit von Säften und »Temperaturen« entgegenwirken: Ein als »warm« geltendes Nahrungsmittel etwa konnte einem übermäßig »kalten« Zustand entgegenwirken; es war daher wichtig, diese Eigenschaften bei allen Lebensmitteln zu kennen.

Placotomus' gebildete und des Lateinischen kundige Leserschaft war mit der Bibel vertraut und kannte aus der griechischen Antike die Mediziner Hippokrates (um 460 – um 370 v. Chr.), Pedanios Dioskurides (1. Jh. n. Chr.) und Galen von Pergamon (2. Jh. n. Chr.). Unter den lateinischen Werken kam eine besondere Bedeutung der enzyklopädischen *Naturkunde* des Gaius Plinius Secundus d. Ä. (23–79 n. Chr.) zu, ferner den Werk zum Ackerbau des Marcus Porcius Cato (234–149 v. Chr.) und Lucius Iunius Moderatus Columella (1. Jh. n. Chr.).

Die Leserschaft erkennt ohne weitere Hinweise Zitate aus Werken der großen lateinischen Dichter Horaz (65–8 v. Chr.), Vergil (70–19 v. Chr.) und Ovid (54 v. Chr. – um 17 n. Chr.). Auch mittelalterliche Mediziner werden angeführt, so Aëtios von Amida (6. Jh. n. Chr.), Paulos von Aigina (Aegineta, 7. Jh. n. Chr.), Yuhanna ibn Masawaih (Johannes Mesuë, um 777 – 857) und Symeon Seth (11. Jh.), deren Werke in lateinischer Übersetzung zugänglich waren. Nicht zuletzt verweist Placotomus auch auf den italienischen Arzt Johannes Vigo (Giovan-

ni da Vigo, um 1450–1525). Insgesamt zeigt sich, wie deutlich Placotomus sein Werk als einem humanistisch gebildeten Publikum angemessene Schrift präsentiert.

Zu dieser Buchreihe

Die Schriften von Placotomus (1550) und Hagecius (1585, zusammen mit Caius 1556) sind so umfangreich, dass sie jeweils eigens zweisprachig publiziert werden. Die kleineren Beiträge, also die von Gazius (1546), Willichius (1551), Dodonaeus (1552) und Wernerus (1567), sind im ersten Band dieser Reihe zusammengestellt, das Werk des Hagecius (1585) im dritten; diesem ist auch das Kapitel zum englischen »Ale« des Caius (1556) beigegeben. Dem Buch des Placotomus (1550) ist der vorliegende zweite Band gewidmet.

Alle Schriften werden in der Originalsprache und einer neuen deutschen Übersetzung präsentiert. Die lateinischen Texte sind zur Erleichterung des Zugangs den heutigen Lesegewohnheiten angepasst: Abkürzungen werden ausgeschrieben, Orthographie und Zeichensetzung sind dem im heutigen Lateinunterricht Üblichen angepasst. Zu den von einer humanistisch gebildeten Leserschaft nicht erwarteten Quellenangaben für Zitate aus der Bibel und aus der antiken Literatur werden die Angaben nun in der deutschen Übersetzung in eckigen Klammern geboten; dabei werden die heute üblichen Kapitelzählungen angegeben.

Gemeinsam mit den beiden anderen Bänden dieser kleinen Buchreihe soll die in Fritz Schoellhorns grundlegender *Bibliographie des Brauwesens* genannte lateinische Bierliteratur des 16. Jahrhunderts erstmals insgesamt zweisprachig zugänglich werden.

Für das Mitlesen der Korrekturen danke ich Isidor Brodersen.

Text und Übersetzung

IOANNES PLACOTOMUS

DE NATURA ET VIRIBUS CEREVISIARUM ET MULSARUM

Georgii Aemilii Elegia

Cum natura homini dederit potumque cibumque,
Hic ut corpus alat, membra sed ille riget:
Non postrema quidem est ad vitam cura salubrem,
Noscere cum sitias, qualia pocla bibas.

Namque dapes validam gignunt in corpore carnem.
Humores potus fluxilitate facit.
Et nisi susciperet commixtos esca liquores
Arida, nec membris distribuenda foret.
Siccus enim per se cibus est humoris et expers
Plurimus, est illi quoque vehatur opus.
Ut nequit in lento procedere flumine navis,
Fluxilibus porro ni moveatur aquis:
Sic etiam siccam descendere nescit in alvum,
Et reliquas partes absque liquore cibus.
Ille gravem lenit commixto humore saburram,
Mollius ut pergat, subsidiatque facit.
Temperat et siccam liquido moderamine massam,
Rivulus ut lymphis arida prata fovet.
Hoc sine defecto subsideret esca palato,
Nec sibi consuetum pergere posset iter.
Ventriculo quamvis acceptaque massa fuisset,
Hic tamen immoto pondere staret iners.
Intestina siti siccata, calore perirent,
Nec foret arentis corporis ulla salus.

JOHANNES PLACOTOMUS

ÜBER DIE NATUR UND KRÄFTE VON BIER UND MET

Georg Aemilius: Elegie

Da die Natur dem Menschen sowohl Trank als auch Speise gegeben hat – diese, um den Körper zu nähren, und jene, um die Glieder zu stärken –, ist es sicherlich keine unwichtige Sorge für ein gesundes Leben, zu erkennen, wenn du Durst hast, welche Getränke du trinkst.

Denn die Speisen bauen starke Körpermasse auf, während die Flüssigkeiten durch ihre Fließfähigkeit die Säfte im Körper bewegen. Ohne dass die Nahrung die vermischten Flüssigkeiten aufnähme, könnte sie nicht trocken bleiben und wäre nicht in der Lage, sich in die Glieder zu verteilen. Denn trockene Nahrung ist an sich meist ohne Feuchtigkeit und braucht daher etwas, das sie transportiert. So wie ein Boot nicht auf einem ruhigen Fluss vorankommt, sondern nur, wenn es von fließendem Wasser getragen wird, so kann auch die trockene Nahrung ohne Flüssigkeit nicht in den Magen gelangen oder in die anderen Körperteile verteilt werden. Die Flüssigkeit mildert die schwere Last der Nahrung, damit sie leichter verdaut wird und sich besser absetzen kann. Sie macht die trockene Masse durch die feuchte Mischung geschmeidiger, so wie ein kleines Rinnsal die trockenen Wiesen bewässert. Ohne diese Feuchtigkeit würde die Nahrung im Gaumen stecken bleiben und könnte ihren gewohnten Weg nicht fortsetzen. Auch wenn die aufgenommene Masse im Magen gewesen wäre, würde sie dennoch träge mit unbewegtem Gewicht verharren. Die Eingeweide würden vor Trockenheit und Hitze verdorren, und es gäbe keine Rettung für den ausgetrockneten Körper.

Hanc igitur nemo doctrinam spernere debet,
Quae nos poclorum de ratione docet.
Expediens quae sit vis et natura liquorum,
Quos patriae tellus ad sua pocla parat.
Namque alios potus per se natura ministrat,
Ast alios hominum sedula cura facit.
Cumque habeant ambo magnum discrimen utrimque
Non levis utilitas ista docere fuit.
Simplicibus quantum distent composta, quid inter
Nativum veniat, facticiumque simul.
Hoc opus, hic labor est, cura docuisse fideli,
Haec hominum vitam, res iuvat, auget, alit.

Ergo operam sumpsit non parva laude vehendam
Placotomus, quando talia scripta dedit.
Consuluitque tuis studiis, quae tecta iuventus,
Regiomontanae conspicis alta scholae.
Quin etiam totam voluit prodesse per oram,
Saxona quam lato limite terra patet.
Illius exponens diversae pocula formae,
Qualeque discrimen, quando bibantur habent.

Quare hunc commendo Lector studiose libellum,
Quisquis es, ostensa iam ratione tibi.
Quamlibet ad Rhenum Bacchi inter munera vivo,
Grata tamen patriae pocula laudo meae.
Carmine sed laudes ne plus minuantur inepto
Desino, tu scriptum iam licet ipse legas.

Deshalb sollte niemand diese Lehre gering schätzen, die uns über die Wirkung der Getränke belehrt. Es ist wichtig zu wissen, welche Kraft und Natur die Flüssigkeiten haben, die das Land für seinen Trank bereitstellt. Denn einige Getränke werden von der Natur selbst geliefert, während andere durch die sorgfältige Arbeit der Menschen hergestellt werden. Da es einen großen Unterschied zwischen diesen beiden gibt, ist es von großem Nutzen, dies zu verstehen. Es ist entscheidend zu wissen, wie sich einfache von zusammengesetzten Getränken unterscheiden, was der Unterschied zwischen natürlichen und künstlich hergestellten Getränken ist. Das ist die Aufgabe, das ist die Mühe, die eine gewissenhafte Lehre erfordert, denn sie trägt zum Leben der Menschen bei, stärkt und nährt sie.

Also hat Placotomus, mit großem Lob für seine Anstrengung, solch ein Werk geschrieben. Er hat es für eure Studien verfasst, die ihr, junge Schüler der hohen Schule von Königsberg, besucht. Darüber hinaus wollte er, dass es dem ganzen Land nützlich ist, dem weiten Sachsenland, das sich bis an weite Grenzen erstreckt. Er beschreibt die verschiedenen Formen von Getränken und erläutert, welche Unterschiede sie haben und wann sie getrunken werden sollten.

Deshalb empfehle ich dir, eifriger Leser, dieses Büchlein, wer auch immer du bist, dem nun die Grundlage dargelegt ist. Selbst wenn ich am Rhein zwischen Bacchus' Gaben lebe, preise ich dennoch die Getränke meines Vaterlandes. Damit aber durch ein ungeschicktes Gedicht das Lob nicht gemindert wird, höre ich hier auf. Nun kannst du selbst das Geschriebene lesen.

Amplissimis et prudentissimis viris,
Consulibus et Senatoribus Regiae urbis Dantiscanae,
Ioannes Placotomus,
Regiomontanae Academiae Professor, S(alutem) D(icit).

Cum aliquamdiu in hac regione versatus essem, variasque et plane diversas sententias de Cerevisiis audivissem, operae precium et multis gratum me facturum non dubitavi, si peculiare aliquod scriptum de hoc potu ederem. Utile enim est quemque scire facultates eius rei, qua assidve fruitur, ne brutorum more omnia sine iudicio promiscue ingerat. Praedicant aliae regiones sua dona, neque immerito, cur non et nos nostra commendemus, cum ea ab exteris quibusdam iniuste vituperari, et tanquam parum utilia reiici non ignoremus? Quasi ars non possit aeque salutaria humano generi excogitare, atque natura in quibusdam terris sponte producit. Quinimo ars est aemula naturae solertissima, quae omnia eius opera, quantum quidem fieri potest, imitatione assequi et exprimere conatur, idque non tam in Cerevisiis, quam Medonibus quibusdam, qui proxime ad vini naturam aspectu et viribus accedunt, clarissime cernitur. Et quoniam utriusque potus creberrimus in his terris usus est, non alienum duxi, utriusque descriptionem coniungere, atque uno opusculo complecti.

Quod ubi absolvissem, subiit alia maior cura, quam ipse scribendi labor, cui videlicet meas lucubrationes dedicarem, quorum patrocinio me committerem. Est enim hoc tempore valde periculosum, aliquid in publicum emittere, propter malevolos quosdam, qui tantum aliorum famae insidiantur, aliorum conatus male narrando ac interpretando extenuant, et calumnian-

Den höchstgeschätzten und weisesten Herrn
Konsuln und Senatoren der königlichen Stadt Danzig
sagt Johannes Placotomus,
Professor an der Akademie von Königsberg, einen Gruß.

Da ich mich schon eine Zeitlang in dieser Region aufhielt und verschiedene, oft ganz unterschiedliche Meinungen über das Bier gehört hatte, zweifelte ich nicht daran, dass es lohnend und vielen angenehm sein würde, wenn ich eine besondere Schrift über dieses Getränk veröffentlichte. Es ist nämlich nützlich, die Eigenschaften dessen zu kennen, was man regelmäßig zu sich nimmt, um nicht wie Tiere alles wahllos und ohne Urteil zu verzehren. Andere Regionen preisen ihre Gaben, und das nicht ohne Grund. Warum sollten wir nicht auch unsere eigenen loben, besonders wenn sie von manchen Fremden ungerechterweise kritisiert und als wenig nützlich abgetan werden? Es ist, als könne die Kunst nicht ebenso heilsame Dinge für die Menschheit schaffen, wie es die Natur in manchen Ländern von selbst hervorbringt. In der Tat ist die Kunst die eifrigste Nachahmerin der Natur, die versucht, all ihre Werke so weit wie möglich durch Nachahmung zu erreichen und darzustellen. Dies zeigt sich nicht nur beim Bier, sondern auch bei manchen Metgetränken, die dem Wein in Aussehen und Wirkung sehr nahekommen. Und da beide Getränke in diesen Gebieten sehr häufig konsumiert werden, hielt ich es nicht für unpassend, die Beschreibung beider zu verbinden und sie in einem einzigen Werk zu behandeln.

Nachdem ich dies abgeschlossen hatte, stellte sich eine noch größere Sorge ein als die Arbeit des Schreibens selbst, nämlich wem ich meine Nachforschungen widmen und wessen Schirmherrschaft ich suchen sollte. Es ist in dieser Zeit sehr gefährlich, etwas zu veröffentlichen, wegen gewisser böswilliger Menschen, die nur darauf aus sind, dem Ruf anderer zu scha-

tur, non illorum infirmitati parcunt, non excusant, si quid forte incommodius scriptum est, non Autoris animum aut consilium expendunt, sed alienis erratis observandis, publicandis, proclamandisque sibi perpetuum nomen, et immortalitatem comparare student.

Haec cogitanti mihi occurrit prudentissimus Senatus Dantiscanus, cuius iudicium et autoritatem, non solum in his partibus, sed ubique terrarum plurimum ponderis habituram, omnino mihi persuadebam. Nam et doctos viros, et peritia rerum civilium praestantes habet, quorum quidam etsi in literis versati non sunt, haec tamen nostra studia non fastidiunt, non aspernantur, sed plurimi faciunt, quod liberi ipsorum, quos ad literas discendas, magnis impensis, tum hic, tum in aliis Academiis adhibverunt, testantur.

Quapropter Consules prudentissimi, ac Senatores vigilantissimi, meam qualemcumque operam, et studiorum meorum primitias, vobis offero, et dedico, magnopereque a vobis omnibus peto, ut hoc exiguum munusculum, atque xeniolum, pro vestra aequanimitate, non invitis manibus accipiatis, boni consulatis, meique patrocinium, si necessitas postulabit, in re honesta, et ad publicam hominum salutem spectante, suscipiatis. Quod si feceritis, ego vicissim vobis, ut decet, omnia quae grata esse perspexero, praestabo, et si vita longior, valetudoque firmior contigerit, progressu temporis, Christo favente, plura dabo. Idem et alii Collegae mei, qui tum ingenio, tum doctrina, et usu rerum me antecellunt, ubi intellexerint bonis viris,

den, die Bemühungen anderer schlecht zu reden, kleinzureden und zu verleumden. Sie verschonen weder die Schwächen anderer, noch entschuldigen sie, wenn etwas vielleicht weniger günstig geschrieben wurde. Sie prüfen weder den Geist noch die Absicht des Autors, sondern streben danach, sich durch das Aufspüren, Veröffentlichen und Anprangern der Fehler anderer einen ewigen Namen und Unsterblichkeit zu verschaffen.

Während ich dies bedachte, kam mir der äußerst weise Danziger Senat in den Sinn, dessen Urteil und Autorität ich mir nicht nur in diesen Gegenden, sondern auch weltweit als von großem Gewicht vorstellte. Denn er besteht aus gebildeten Männern und solchen, die sich durch ihre Erfahrung in zivilen Angelegenheiten auszeichnen. Auch wenn einige von ihnen vielleicht nicht in den Wissenschaften bewandert sind, so verachten sie unsere Studien dennoch nicht, sondern schätzen sie hoch, wie es die großen Anstrengungen beweisen, die sie unternommen haben, um ihre Kinder sowohl hier als auch an anderen Akademien zum Lernen zu schicken.

Deshalb, sehr weise Konsuln und äußerst wachsame Senatoren, biete und widme ich euch meinen wie auch immer gearteten Beitrag und die Erstlingsfrüchte meiner Studien und bitte euch alle eindringlich, dass ihr dieses kleine Geschenk und Präsent mit eurer gewohnten Gelassenheit nicht widerwillig, sondern mit offenen Händen entgegennehmt, es wohlwollend beurteilt und, falls es nötig wird, meine Verteidigung in einer ehrenhaften Sache, die auf das öffentliche Wohl der Menschen abzielt, übernehmt. Und wenn ihr dies tun werdet, werde ich euch im Gegenzug, wie es sich gehört, alles gewähren, was ich als erfreulich erkannt habe, und falls mir ein längeres Leben und festere Gesundheit zuteil werden, werde ich im Laufe der Zeit, mit Christi Beistand, noch mehr geben. Das Gleiche werden auch meine anderen Kollegen tun, die mich sowohl in Talent als auch in Wissen und Erfahrung übertreffen, wenn sie bemerken, dass unsere Studien von guten

et praecipue vicinis nostris, nostra studia non improbari, haud dubie facient.

Christus conservet vos omnes incolumes, Viri prudentissimi, ad nominis sui gloriam, et Reipublicae vestrae, aliorumque mortalium utilitatem. Valete.

In Academia Regiomontana,
Calendis Februarii Anni 1549.

Männern, besonders von unseren Nachbarn, nicht missbilligt werden – daran besteht kein Zweifel.

Möge Christus euch alle in Gesundheit bewahren, sehr weise Männer, zum Ruhm seines Namens und zum Nutzen eurer Republik und aller anderen Menschen. Lebt wohl.

An der Akademie [Universität] von Königsberg,
am 1. Februar des Jahres 1549.

Ad Lectorem

Non me latet, quantum periculi subeant, qui se publicae censurae hoc tempore edendis scriptis exponunt. Nam si quid ab aliis prius dictum retexunt, alienam cantilenam recantare dicuntur: quod si non feliciter praestant, deridentur. Qui commentaria scribunt, in eodem discrimine versantur. Si enim ubique autoris sententiam non assequuntur, aut alicubi scientes dissentiunt, male audiunt. Multomagis hi in periculo sunt, qui nova edunt, et ab aliis prius non tractata, maxime si a vulgari opinione recedant, quemadmodum nos de temperamento Cerevisiae facimus.

Ego itaque diu deliberavi mecum et dubitavi, nunquid meam sententiam publicare vellem, tandem publicae utilitatis spes me ad editionem hortabatur. Quod autem pertineat, hic labor ad publicam salutem non in obscuro est. Cerevisiae enim usus non hic tantum, sed etiam in bona Germaniae parte, maximus et frequentissimus est. Sunt qui magis hoc potu quam cibo vivunt, siquidem egregie nutrit, ideoque parcius comedunt, eo multum utentes. Utuntur hoc promiscue omnes aetates et sexus, sani et aegri.

An die Leserschaft

Es entgeht mir nicht, welche Gefahren diejenigen eingehen, die sich heutzutage der öffentlichen Kritik durch die Veröffentlichung ihrer Schriften aussetzen. Denn wenn sie etwas, das bereits von anderen gesagt wurde, wiederholen, wird ihnen vorgeworfen, eine fremde Melodie nachzusingen. Und wenn sie dies nicht glücklich tun, werden sie verspottet. Auch diejenigen, die Kommentare verfassen, befinden sich in derselben Gefahr. Wenn sie nicht überall die Meinung des Autors vollständig erfassen oder bewusst an einigen Stellen abweichen, werden sie kritisiert. Umso mehr sind jene in Gefahr, die neue Gedanken veröffentlichen, die zuvor nicht behandelt wurden, insbesondere wenn sie von der allgemeinen Meinung abweichen, wie ich es in meiner Abhandlung über das Wesen des Bieres tue.

Ich habe daher lange bei mir selbst überlegt und gezweifelt, ob ich meine Meinung überhaupt veröffentlichen sollte. Letztlich hat mich die Hoffnung auf das öffentliche Wohl dazu ermutigt, den Schritt zur Veröffentlichung zu wagen. Was diese Arbeit betrifft, so ist ihr Nutzen für das öffentliche Wohl offensichtlich. Der Gebrauch des Bieres ist nicht nur hier, sondern in einem großen Teil Deutschlands weit verbreitet und sehr häufig. Es gibt Menschen, die mehr von diesem Getränk als von Nahrung leben, denn es nährt vorzüglich, weshalb sie weniger essen, da sie viel davon trinken. Alle Altersgruppen und Geschlechter, Gesunde und Kranke, nutzen es gleichermaßen.

Necessarium igitur est de temperamentis et viribus aliquid extare, ne qui illo male utantur. Nemo autem hactenus, quod sciam, hanc provinciam suscepit, et solidi aliquid de Cerevisiis scripsit. Expectavi aliquamdiu aliorum sententias, id quod multi docti viri, qui olim commilitones fuerunt, cum quibus privatim de hoc themate aliquando contuli, testabuntur: verum cum frustra expectarem, ut diutius saluberrimi potus facultates laterent, committere nolui.

Verum non ignoro me nec ingenio, nec dicendi facultate, nec explicandi dexteritate tantum valere, quantum hoc argumentum requirit. Scio quam sit difficile nova, atque ab aliis non tradita commentari. Nec me fugit illud Horatii :

> Sumite materiam vestris qui scribitis aequam Viribus.

Diu etiam quid ferre valerent humeri, quid non, perpendi. Sed animum addidit alter Ovidius poeta, qui scribit:

> Ut desint vires, tamen est laudanda voluntas.

Merentur enim studium, et conatus, in honestis rebus suam laudem, etiamsi non ab omni parte scopum attigerint, maxime in nova materia, et in eo homine, qui primum periculum virium suarum facit.

Es ist daher notwendig, über seine Natur und Kräfte etwas zu verfassen, damit niemand es falsch verwendet. Niemand, soweit ich weiß, hat sich bisher dieser Aufgabe angenommen und fundiert über das Bier geschrieben. Lange habe ich auf die Meinungen anderer gewartet, wie viele gelehrte Männer, mit denen ich mich einst austauschte, bestätigen können. Doch da ich vergebens wartete und die Vorzüge dieses heilsamen Getränks nicht länger verborgen bleiben sollten, habe ich beschlossen, die Arbeit selbst anzugehen.

Ich bin mir jedoch bewusst, dass weder mein Verstand noch meine sprachliche oder erklärende Fähigkeit ausreichen, um dieses Thema in vollem Umfang zu bewältigen. Ich weiß, wie schwer es ist, neue Dinge zu kommentieren, die zuvor nicht überliefert wurden. Auch habe ich jenes Wort des Horaz nicht vergessen:

> Wählt euch einen Stoff, der euren Kräften angemessen ist.
> [Horaz, *Ars Poetica* 38]

Lange habe ich abgewogen, was ich tragen könnte und was nicht. Aber Mut verlieh mir ein anderer Dichter, Ovid, der schreibt:

> Wenn auch die Kräfte fehlen, ist der Wille doch lobenswert.
> [Ovid, *Ex Ponto* 3,4,79]

Denn in ehrenvollen Angelegenheiten verdienen Bemühungen und Anstrengungen Anerkennung, auch wenn sie nicht in allen Punkten das Ziel erreichen, insbesondere bei einem neuen Thema und bei jemandem, der zum ersten Mal seine Kräfte erprobt.

Quod cum ita sit, Lector candide, veniam mihi dabis spero, sicubi tibi non satisfecero, aut a scopo adhuc parum ab esse videar. Et magnopere peto, atque propter publicam utilitatem obtestor, si quid emendatione egero putabis, me amice moneas, si quid habes, in commune conferas.

Decet enim bonos et literatos viros, aliorum studia, et ad publicam utilitatem pertinentia, provehere, atque promovere, non impedire, multo minus calumniari. Me non pudebit, ab aliis admonitum, vel addere, vel detrahere, vel mutare aliquid, si bonas rationes habuero.

Vale.

Da dies so ist, lieber Leser, hoffe ich, dass du mir verzeihst, wenn ich dir an einigen Stellen nicht genügen sollte oder dem Ziel noch ein wenig fern bin. Ich bitte dich aufrichtig im Interesse des öffentlichen Wohls, mich freundlich zu belehren, wenn du glaubst, dass etwas einer Korrektur bedarf, und alles beizutragen, was du hast.

Es gehört sich ja für gute und gebildete Männer, die Studien anderer und das, was dem öffentlichen Wohl dient, zu fördern und voranzubringen, und nicht zu behindern oder gar zu verleumden. Es wird mir keine Schande bereiten, wenn ich von anderen belehrt werde, etwas hinzuzufügen, wegzunehmen oder zu verändern, sofern ich gute Gründe dafür sehe.

Lebe wohl.

Prima pars: De Cervisia

De natura

Cerevisias a Cerere dictas esse, haud dubium est, ex frumento enim, cui Ceres praeesse a poëtis dicitur, coquuntur. Est enim Cerevisia nihil aliud, quam potus ex aqua, frumento praeparato, et lupulis coctus.

Multae autem sunt Cerevisiarum differentiae, sed praecipua ac principalis, et quae maximum usum habet, a materia sumitur. Nam aliae ex tritico, aliae ex hordeo, aliae ex utroque, aliae ex aliis frumentis, vel etiam leguminibus parantur, de quibus in praesentia nihil dicam. Quae ex tritico fiunt, triticeae vel albae, quae ex hordeo, hordeaceae: in Polonia et Prussia nigrae, in aliis quibusdam locis rubrae cerevisiae adpellantur. Quae vero ex ambobus aequali, sive inaequali portione mixtis confiunt, adpellatione peculiari carent, sed tamen mixtae sive mediae iure vocantur.

Denominatur autem non a materia solum, sed etiam ab inventoribus, a loco, ab effectu, aut accidente aliquo, quae parum ad praesens institutum faciunt.

Erster Teil: Über das Bier

Über die Natur

Es besteht kein Zweifel daran, dass das Biere (*Cerevesiae*) ihren Namen von Ceres ableiten, denn sie werden aus Getreide gekocht, über dem Ceres steht, wie die Dichter sagen. Bier ist nichts anderes als ein Getränk, das aus Wasser, aufbereitetem Getreide und Hopfen gekocht wird.

Es gibt viele Unterschiede bei Bieren, doch der wichtigste und grundlegendste, der auch den größten Nutzen hat, wird durch das Ausgangsmaterial bestimmt. Einige Biere werden aus Weizen, andere aus Gerste, wieder andere aus beiden oder aus anderen Getreidesorten oder sogar Hülsenfrüchten hergestellt, auf die ich hier nicht näher eingehen werde. Biere, die aus Weizen gemacht werden, nennt man Weizenbiere oder helle Biere; die aus Gerste werden Gerstenbiere genannt; in Polen und Preußen werden sie als dunkle Biere bezeichnet, in einigen anderen Regionen auch als rote Biere. Die Biere, die aus einer Mischung von Weizen und Gerste in gleichen oder ungleichen Anteilen hergestellt werden, haben keinen besonderen Namen, werden aber dennoch als Mischbiere oder mittlere Biere bezeichnet.

Biere werden nicht nur nach den Rohstoffen benannt, sondern auch nach ihren Erfindern, dem Ort ihrer Herstellung, ihrer Wirkung oder einem besonderen Merkmal, was jedoch wenig zum gegenwärtigen Vorhaben beiträgt.

Nam in hoc opusculo primum de natura et viribus Cerevisiarum in genere dis serere statui. Deinde per quaedam illustria exempla priora declarabo. Tertio adiiciam ea, quae ex Cerevisiis parantur. Postremo conditarum Cerevisiarum vi res enarrabo.

Quia vero facultates rerum cognoscuntur, aut a priori, aut a posteriori, ego utroque modo meam sententiam probabo, et Cerevisias calidas esse (nam de hac re praecipue controversia est) confirmabo. Quod ut expeditius fiat, primum materias illarum seorsim describam, unde facile colligi poterit, quod temperamentum sit Cerevisiarum, quis usus.

In dieser Abhandlung nämlich werde ich zunächst über die Natur und die Eigenschaften von Bieren im Allgemeinen sprechen. Danach werde ich einige herausragende Beispiele geben. Drittens werde ich die Produkte beschreiben, die aus Bier hergestellt werden. Schließlich werde ich die Wirkungen von Gewürzbieren darlegen.

Da die Eigenschaften der Dinge entweder aus ihrer Ursache (*a priori*) oder aus ihrer Wirkung (*a posteriori*) erkannt werden, werde ich beide Ansätze verwenden, um meine Meinung zu beweisen und zu zeigen, dass Bier warm ist (denn darüber wird besonders gestritten). Um dies klarer darzustellen, werde ich zunächst die Bestandteile des Biers einzeln beschreiben, damit man leicht erkennen kann, welches »Temperament« das Bier hat und wie es verwendet wird.

Materiae Cerevisiarum.

De Aqua.

Potissima materia Cerevisiarum est aqua, non medicamentosa, id est, insigni aliqua qualitate praedita, sed potabilis, haec est humida, et in primo gradu, quod est parum frigida, et recipit in se qualitates aliarum rerum, quae ipsi admiscentur, aut cum quibus coquitur. Nam cum frigidis cocta, frigidior fit, cum calidis contrariam qualitatem indvit, et naturam amittit.

Species aquarum numerantur, fontanae, puteales, fluviales, lacustres, et pluviales: quae etsi nonnihil differunt, sunt tamen ad potum coquendum omnes idoneae, sed alia magis alia. Coquuntur etiam in quibusdam locis maritimis cerevisiae, ob dulcis aque defectum ex subsalsis aquis, quae non frigidam et humidam, sed contrarias qualitates obtinent. Similiter et aquae quaedam metalla resipiunt, vel quia iuxta fodinas scaturiunt, vel quia ex fodinis aliquid recipiunt: hae sincerioribus aquis sunt deteriores, et ad bonam cerevisiam efficiendam minus aptae. Est ubi ex aqua quae calcem refert, hic potus coquitur, sed non sine ventriculi noxa hauritur.

Die Bestandteile des Biers

Über das Wasser

Der wichtigste Bestandteil des Biers ist Wasser, nicht in Form eines Heilwassers, das heißt, nicht mit besonderen Eigenschaften versehen, sondern Trinkwasser. Dieses ist feucht und von geringem Kältegrad und nimmt die Eigenschaften anderer Dinge auf, die ihm hinzugefügt oder mit denen es gekocht wird. Denn wenn es mit kalten Stoffen gekocht wird, wird es kälter, und wenn es mit warmen gekocht wird, nimmt es deren gegenteilige Eigenschaften an und verliert seine ursprüngliche Natur.

Es gibt verschiedene Arten von Wasser: Quellwasser, Brunnenwasser, Flusswasser, Seewasser und Regenwasser. Diese unterscheiden sich zwar etwas, sind aber alle zum Kochen von Bier geeignet, wenn auch in unterschiedlichem Maße. In einigen Küstenregionen wird Bier wegen des Mangels an Süßwasser auch aus leicht salzigem Wasser gekocht, das nicht kalt und feucht ist, sondern gegenteilige Eigenschaften hat. Ebenso gibt es Wasser, das Metallspuren enthält, weil es entweder in der Nähe von Bergwerken entspringt oder aus diesen etwas aufnimmt. Solches Wasser ist schlechter als reines Wasser und weniger geeignet, um gutes Bier herzustellen. An manchen Orten wird auch Bier aus kalkhaltigem Wasser gekocht, aber es schadet dem Magen, wenn es getrunken wird.

De Hordeo.

Hordeum crudum facultatem refrigerandi, et exiccandi, in primo ordine habet, et moderate abstergit. Amittit autem has vires dum maceratur, abluitur, paululum putrefieri permittitur, exiccatur, atque torretur. Nam macerando abstersoria facultas remissior fit. Quod autem putrefactione etiam res frigidae caliditatem aliquam acquirant, ex caseis patet, qui recentes frigidi sunt, et putrescendo calidi efficiuntur, adeo ut etiam linguam urant, quando valde putridi sunt. Etsi autem hordeum non putrescit, sed tantum incipit putrefieri, propter humiditatem alienam et prohibitam eventationem, quando videlicet inacervos exiccandi gratia congeritur, et ne omnino putrescat, crebro versatur. Deinde tostio, sive torrefactio auget calorem, et empyreuma quoddam hordeo addit. Nam est quasi quaedam assatio, et levis adustio.

Quod autem ex Galeno obiicitur, hordeum nulla apparandi ratione calefi eri, id non intelligo de putrefactione atque tostione, sed de coctione, sive in panem fingere, sive ptisanam coquere, sive polentam instituere libeat. Nam ipse Galenus zythum hordeo non parum acriorem esse ex putredine nimirum acrimonia contracta, docet. Si acrior, ergo calidior, quod idem autor eodem loco his verbis ostendit: Cum partim acris est, et calidus, etc. Si enim siccitatem amittere potest ptisanae modo incoctum, quid in alteram qualitatem deponet? Adde quod hordeum usitato modo praeparatum, in ore mansum, salivam moveat, quod non nisi caloris opus est.

Über die Gerste

Gerste besitzt im rohen Zustand die Fähigkeit, abzukühlen und auszutrocknen, und hat dabei eine moderate reinigende Wirkung. Diese Eigenschaften verliert sie jedoch, wenn sie eingeweicht, gewaschen, leicht zur Gärung gebracht, getrocknet und geröstet wird. Durch das Einweichen wird die reinigende Wirkung schwächer. Dass durch Gärung auch kalte Dinge eine gewisse Wärme erlangen können, zeigt sich an Käse, der frisch kalt ist, durch Gärung jedoch warm wird, sodass er sogar die Zunge verbrennen kann, wenn er stark gereift ist. Zwar verdirbt Gerste nicht vollständig, aber sie beginnt zu gären, aufgrund der fremden Feuchtigkeit und der unzureichenden Belüftung, wenn sie zu Trocknungszwecken in Haufen zusammengetragen wird, und um eine vollständige Gärung zu verhindern, wird sie häufig umgeschichtet. Die Röstung oder das Trocknen erhöht die Wärme und verleiht der Gerste ein gewisses »Empyreuma« [Verbrennen]. Dies ist eine Art von leichter Verbrennung oder Röstung.

Was jedoch von Galen [*De alimentorum facultatibus* 1,16] entgegengehalten wird, nämlich dass Gerste durch keine Zubereitungsart erwärmt werden könne, bezieht sich nicht auf Gärung und Röstung, sondern auf das Kochen, sei es zum Brotbacken, für Grütze [*ptisana*] oder für Polenta. Denn Galen lehrt selbst [*De simplicium medicamentorum temperamentis et facultatibus* 6,134], dass *Zythos* aufgrund der Gärung deutlich schärfer sei als Gerste, da es eine durch Gärung bedingte Schärfe entwickle. Wenn es schärfer ist, dann ist es auch wärmer, was derselbe Autor an derselben Stelle mit folgenden Worten belegt: »Es ist teils scharf und warm usw.« Wenn es also durch das Kochen, wie bei Grütze, seine Trockenheit verliert, welche andere Eigenschaft könnte es dann ablegen? Hinzu kommt, dass die auf übliche Weise zubereitete Gerste, wenn sie im Mund gehalten wird, den Speichelfluss anregt, was nur durch Wärme geschieht.

De Tritico.

Triticum est calidum in primo gradu, et temperatum in passivis qualitatibus, glutinosum, et obstructionem pariens. Cum autem per se sit calidum, redditur calidius, cum hordei modo torretur, praeparaturque, alieno nimirum calore insuper assumpto.

Sumendum autem frumentum optimum, maturum, solidum, non friabile, in bono solo prognatum, magnum in suo genere, non aliena humiditate tumidum, collectum sereno coelo, loco apto exiccatum et repositum.

De Lupulo.

Lupuli, quem vulgo quidam Humulum vocant, flores sunt calidi et sicci in secundo gradu, vel etiam ulterius, habent vim incidendi, aperiendi, abstergendi propter acrimoniam, et amaritudinem, mundificant sanguinem, atque evacuant humores tenues biliososque, et prohibent ne cito liquores, quibus admiscentur, putrefiant, aut corrumpantur, sane usum potui praestant, quem sale scis aliisque rebus, quas in longius tempus asservare expedit. In quibusdam locis loco lupuli additur Chamaepeuce, unde Cerevisiae efficiuntur adeo validae et halituosae, ut parum absit, quin bibentes paulo immoderatius ad insaniam redigantur.

Hae sunt materiae Cerevisiarum, quae aliter atque aliter in aliis locis parantur, varie et inaequaliter miscentur. Alii enim multum lupuli accipiunt, alii parum, quidam plurimum frumenti, quidam exiguum. Semper tamen plus aquae quam reliquarum materiarum, et plus hordei quam lupuli sumitur.

Über den Weizen

Weizen ist im ersten Grad warm und ausgeglichen in seinen passiven Eigenschaften. Er ist klebrig und führt zu Verstopfungen. Da er von Natur aus warm ist, wird er noch wärmer, wenn er auf ähnliche Weise wie Gerste geröstet und zubereitet wird, indem er zusätzliche Wärme aufnimmt.

Man muss jedoch das beste Getreide verwenden, das reif, fest und nicht brüchig ist, auf gutem Boden gewachsen, groß in seiner Art, nicht durch fremde Feuchtigkeit aufgequollen, bei gutem Wetter geerntet und an einem geeigneten Ort getrocknet und gelagert wurde.

Über den Hopfen

Der Hopfen, den manche im Volksmund *Humulus* nennen, hat Blüten, die im zweiten Grad warm und trocken sind, oder sogar noch weiter, und sie besitzen die Kraft zu zerschneiden, zu öffnen, und zu reinigen, aufgrund ihrer Schärfe und Bitterkeit. Sie reinigen das Blut und leiten dünne und gallige Säfte aus und verhindern, dass Flüssigkeiten, denen sie beigemischt werden, schnell verfaulen oder verderben. Sie bieten wirklich einen Nutzen im Getränk, wie du das mit Salz und anderen Dingen, die über längere Zeit aufbewahrt werden sollen, kennst. In manchen Gegenden wird anstelle von Hopfen Chamaipeuke [Kratzdistel] hinzugefügt, wodurch Biere hergestellt werden, die so stark und geruchsintensiv sind, dass diejenigen, die etwas maßloser trinken, fast in den Wahnsinn getrieben werden.

Das sind die Bestandteile des Biers, die in verschiedenen Gegenden unterschiedlich und in verschiedenen Verhältnissen gemischt werden. Einige nehmen viel Hopfen, andere wenig, einige viel Getreide, andere wenig. Immer jedoch wird mehr Wasser verwendet als andere Zutaten und mehr Gerste als Hopfen.

Hoc autem modo Cerevisia usitate fit: Frumentum maceratum, resiccatum, tostum, et mola confractum, atque in farinam crassiorem redactum, primum seorsum cum aqua coquitur, certo temporis spacio, vel aqua fervida irrigatur, deinde colatur, colatura floribus lupuli iniectis coquitur, donec amaritudo ipsius nonnihil deponatur. Decocto hoc iterum colato ac tepefacto adduntur Cerevisiae feces, ut ferveat: quod ubi factum est, in dolia conditur. Neque vero dubium est, quin ex hac etiam coquendi fervendique dique ratione aliquid caloris, sive empyreuma quoddam concipiat.

Ex his omnibus colligi probabiliter potest, cum plus calidae et siccae materie, quam frigidae et humidae ad Cerevisias calidas et siccas esse, non frigidas, ut vulgus existimat. Nam etsi de hordeacea, si quis tantum materiam spectet, dubitari potest, tamen triticeam calidam esse contra omnium fere sententiam, sine ulla controversia affirmo. Si autem hordeo accedit caliditas ex praeparatione, multo magis tritico, per se calido, ut dixi.

Haec est una probatio a priori, hoc est, a causis sumpta. Nunc si quis huic parum fidei habet, et rationes dictas non omnino firmas esse contendit, ad alteram accedam, et idem ab effectibus probabo, cui nemo non opinor suum calculum adiiciet, cum in sensus incurrat, et cuique contingat. Videmus corpora bibentium sensibiliter calefieri, ubi paulo largius cerevisiam, sive albam, sive nigram hauserint, id quod et externae notae faciei produnt. Nam et caput non solum bibentibus, sed tangentibus quoque calidius sentitur, et rubicundum, quod caloris signum est, aspicientibus adparet.

Auf folgende Weise wird gewöhnlich Bier hergestellt: Das Getreide wird eingeweicht, getrocknet, geröstet und grob gemahlen. Danach wird es zunächst mit Wasser gekocht, für eine bestimmte Zeitspanne, oder mit heißem Wasser übergossen. Anschließend wird es abgeseiht, und die Flüssigkeit wird mit Hopfenblüten weitergekocht, bis die Bitterkeit etwas gemildert ist. Nachdem diese Abkochung erneut abgeseiht und erwärmt wurde, wird Hefe hinzugefügt, damit sie gärt. Danach wird sie in Fässern gelagert. Es besteht jedoch kein Zweifel daran, dass er durch diesen Prozess des Kochens und Gärens über mehrere Tage hinweg eine gewisse Wärme absorbiert oder ein gewisses »Empyreuma« [s. o. S. 39] annimmt.

Aus all diesen Überlegungen kann man mit einiger Wahrscheinlichkeit schließen, dass Bier mehr aus warmen und trockenen Zutaten besteht als aus kalten und feuchten. Deshalb ist es warm und trocken und nicht kalt, wie es das Volk annimmt. Selbst wenn es bei Gerstenbier Zweifel geben könnte, wenn man nur die Zutaten betrachtet, so behaupte ich doch ohne Zweifel, dass Weizenbier warm ist, entgegen der allgemeinen Meinung. Wenn Gerste durch die Zubereitung Wärme erlangt, dann gilt das umso mehr für Weizen, der von Natur aus warm ist, wie ich bereits gesagt habe.

Dies ist ein Beweis *a priori*, das heißt, aus den Ursachen genommen. Nun, wenn jemand diesem Beweis wenig Glauben schenkt und behauptet, die genannten Gründe seien nicht ganz stichhaltig, werde ich zu einem anderen Beweis übergehen und dasselbe aus den Wirkungen beweisen, dem, wie ich denke, niemand widersprechen wird, da es die Sinne trifft und jedem begegnet. Wir sehen, dass die Körper der Trinkenden spürbar erwärmt werden, wenn sie etwas großzügiger Bier, sei es helles oder dunkles, zu sich nehmen, was auch durch die äußeren Merkmale des Gesichts bezeugt wird. Denn der Kopf fühlt sich nicht nur den Trinkenden, sondern auch denen, die sie berühren, wärmer an, und er erscheint den Beobachtenden gerötet, was ein Zeichen von Wärme ist.

Id fit quoniam calor calidis excitatur, augetur, et in corpus diffunditur, et maxime in caput sua levitate rapitur. Idem non accidit aquam simplicem vel hordeaceam bibentibus, utraque enim refrigerandi vim habet. Deinde quia evaporat in caput, et ebrios potantes efficit. Nihil autem quod inebriat, frigidum est. Calida tantum caput petunt, calida tantum ebrietatem efficiunt.

Ex his ergo omnibus haud obscure sequitur, Cerevisias esse per se, et sua natura calidas, nec refrigerare, nisi ex accidente posse. Caeterum caliditatem augent praeter enumerata quaedam extrinsecus accidentia, ut pix vasorum, de qua postea.

Quod autem obiici potest, Cerevisias sedare sitim, ideoque refrigerandi et humectandi facultatem habere, cum sitis ex ventriculi orificii ariditate oriatur. Respondeo, vinum quoque remedium sitis esse, nec tamen humectare, quanquam utrumque actu refrigerare et humectare non negamus. Item, Cerevisia conceditur febricitantibus, non igitur calida est. Calida enim augent morbum. Respondeo, non omnes Cerevisias concessas esse in febribus, sed tantum tenuiores, quae reliquis minus calefaciunt, pleniores vero, ut Dantiscanam et Hamburgensem, in hoc morbo cavere oportet.

Quod si quis morbos frigidos a Cerevisiae potu oriri causetur, respondeo, frigidos morbos ex accidente fieri, cum vi delicet modus bibendo exceditur. Immoderatus namque potus qualiscumque fuerit, calorem naturalem obtundit, ut copia lignorum viridium ignem extinguit. unde postea cruditas frigidique morbi omnis generis proveniunt.

Dies geschieht, weil Wärme durch Wärmendes erregt, vermehrt und im Körper verteilt wird und aufgrund ihrer Leichtigkeit besonders zum Kopf hingezogen wird. Dasselbe geschieht nicht bei denen, die einfaches Wasser oder Gerstenwasser trinken, denn beide haben die Kraft zu kühlen. Zudem verdampft es zum Kopf und macht die Trinkenden betrunken. Nichts, was berauscht, ist jedoch kalt. Nur Warmes strebt zum Kopf, nur Warmes verursacht Trunkenheit.

Aus all dem folgt also klar, dass Bier von Natur aus warm ist und nicht kühlt, es sei denn, dies geschieht zufällig. Außerdem erhöhen neben den bereits erwähnten Faktoren einige äußere Einflüsse die Wärme, wie zum Beispiel die Teerbeschichtung der Fässer, worauf ich später eingehen werde.

Es könnte jedoch eingewendet werden, dass Bier den Durst stillt und daher kühlende und feuchtigkeitsspendende Eigenschaften haben muss, da Durst durch Trockenheit des Mageneingangs entsteht. Darauf antworte ich: Auch Wein stillt den Durst, aber das bedeutet nicht, dass er feuchtigkeitsspendend ist, obwohl wir zugeben, dass beides im Moment erfrischend und feuchtend wirken kann. Zudem wird Bier bei Fieberkranken verwendet, also ist es nicht warm. Denn warme Getränke verschlimmern Krankheiten. Ich antworte, dass nicht alle Biere bei Fieber erlaubt sind, sondern nur die leichteren, die weniger als andere erwärmen. Die stärkeren jedoch, wie das Danziger und das Hamburger Bier, sollte man bei dieser Krankheit meiden.

Wenn jemand behauptet, dass kalte Krankheiten durch den Konsum von Bier entstehen, antworte ich, dass kalte Krankheiten durch den übermäßigen Konsum entstehen, der die natürliche Wärme schwächt. Ein übermäßiger Konsum von Getränken, welcher Art auch immer, schwächt die natürliche Wärme, so wie eine große Menge grünen Holzes das Feuer erstickt. Dadurch entstehen später Verdauungsstörungen und kalte Krankheiten aller Art.

Quod autem Cerevisiae somnum conciliant, fit propter copiam vaporum, in corporibus praecipue humidis, et hoc commune cum vino habet. Quidam tali argumento utuntur:

Omnia flatuosa sunt frigida.
Omnis cerevisia est flatuosa:
Ergo omnis Cerevisia est frigida.

Cum nec cuncta flatuosa frigida sint. Nam nec allium, nec cepe, nec eruca, nec mel crudum, nec vinum dulce frigidum est, etiamsi inflent. Ex Cerevisiis vero solum recentes turbidae, aut feculentae flatus gignunt, reliquae nequaquam. Non igitur valet argumentum.

Qualis sit potus Cerevisia.

Hactenus de temperamento Cerevisiarum diximus, et calidas siccasque eas esse ostendimus, nunc qualis sit potus adiungemus. Neque enim simplex potus est, sed medicamentosus. Nam et alterat corpora, quod medicamentorum proprium est, et substantiam auget, imque sanguinem convertitur, quapropter nutrimentum est. Sunt tamen gradus horum effectuum. Nam aliae multum, aliae parum, aliae mediocriter, vel alterant, vel nutriunt, ut in sequentibus clarius osten demus.

Nutriunt autem omnes probatae Cerevisiae, et sunt boni succi, vires roburque corporibus addunt, quemadmodum in partibus Septentrionalibus (ubi tantum eiusmodi potu incolae fruuntur, hominesque formosissimi pariter, ac robustissimi inveniuntur) videre est.

Dass Bier den Schlaf fördert, liegt an der Menge an Dämpfen, die besonders bei feuchten Körpern entsteht, und das hat es mit dem Wein gemeinsam. Einige argumentieren:

Alles Blähende ist kalt.
Jedes Bier ist blähend.
Also ist jedes Bier kalt.

Aber nicht alles, was Blähungen verursacht, ist kalt. Weder Knoblauch noch Zwiebeln, Rauke, roher Honig oder süßer Wein sind kalt, obwohl sie Blähungen verursachen. Von den Bieren erzeugen nur frische, trübe oder hefige Sorten Blähungen, die anderen jedoch nicht. Das Argument ist daher nicht stichhaltig.

Welche Art von Getränk Bier ist

Bislang haben wir über das»Temperament« des Bieres gesprochen und gezeigt, dass es warm und trocken ist. Nun wollen wir uns mit der Art des Getränks befassen. Bier ist kein einfaches Getränk, sondern ein medizinisches. Denn es verändert den Körper, was typisch für Arzneien ist, und es vermehrt die Substanz, indem es in Blut umgewandelt wird, weshalb es als Nahrungsmittel dient. Es gibt jedoch Abstufungen dieser Wirkungen. Einige Biere wirken stark, andere wenig, und wieder andere mittelmäßig, sowohl in ihrer verändernden als auch in ihrer nährenden Funktion, wie wir im Folgenden genauer erläutern werden.

Alle gut zubereiteten Biere nähren und sind von guter Qualität. Sie verleihen dem Körper Kraft und Stärke, wie man es in den nördlichen Regionen beobachten kann, wo die Einwohner hauptsächlich von dieser Art Getränk leben und sehr wohlgestaltet und kräftig sind.

Unde Cerevisiae nutriendi vim habeant.

Principio constat aquam non nutrire. Idem de lupulo quoque statuendum est, qui non modo non alit, verum etiam valde alterat corpora. Nutriendi igitur facultas omnis a frumento proficiscitur, quod non solum qualitates suas in aquam transmittit, verum etiam substantiam aquae impartit, cum qua ita unitur, ut non amplius separari queat, cuius rei evidens nota est, quod frumenta atque lupuli non solum qualitates suas amittunt (nam insipida propemodum ambo redduntur) sed etiam aliquid substantiae, nam aqua crassiorem substantiam acquirit.

Vis ergo nutriendi in Cerevisiis, non aquae, non lupulo, sed frumento asscribatur oportet. Hinc sequitur Cerevisias cuiuscumque generis fuerint, crassas, quia plurimum frumenti habent, uberius nutrimentum praebere, tenues ob exiguitatem materiae, exiguum, et quo crassiores sive tenuiores, eo magis minusve nutrire.

Collatio veterum et nostrae Cerevisiae.

Veteres potum ex hordeo factum Zythum, Curmi, vel Phucas vocant, ac mali succi esse una voce omnes tradunt, nervis ac cerebro inimicum, flatuosum, idque lege etiam verum est de ipsorum Zytho. Nam ex sola aqua et hordeo crudo parabatur, non addebant lupulum, quamobrem etiam durare non potuit, sed cito acorem contraxit, unde nervosa laeduntur: verare, et ad vetustatem pervenire potest. Non igitur ex veterum libris de hac iudicium fieri oportet.

Woher Biere die nährende Wirkung haben

Zunächst einmal ist bekannt, dass Wasser nicht nährt. Dasselbe gilt auch für den Hopfen, der den Körper nicht nährt, sondern ihn vielmehr stark verändert. Die nährende Fähigkeit des Bieres stammt also ausschließlich aus dem Getreide, das nicht nur seine Qualitäten, sondern auch seine Substanz in das Wasser überträgt, mit dem es sich so vereint, dass es nicht mehr getrennt werden kann. Ein klarer Hinweis darauf ist, dass sowohl das Getreide als auch der Hopfen nicht nur ihre Qualitäten verlieren (sie werden nämlich beide fast geschmacklos), sondern auch etwas von ihrer Substanz abgeben, da das Wasser eine dickere Konsistenz annimmt.

Die Nährkraft des Bieres muss also nicht dem Wasser oder dem Hopfen, sondern dem Getreide zugeschrieben werden. Daraus folgt, dass Biere, welcher Art auch immer, wenn sie dick sind, weil sie viel Getreide enthalten, reichlich Nahrung bieten, während dünne Biere aufgrund der geringen Menge an Zutaten nur wenig Nahrung bieten. Je dicker oder dünner ein Bier ist, desto mehr oder weniger nährt es entsprechend.

Vergleich des Biers der Alten und unseres Biers

Die Alten nannten das aus Gerste hergestellte Getränk *Zythos*, *Curmi* oder *Phucas* und überlieferten einstimmig, dass es von schlechter Qualität sei, den Nerven und dem Gehirn schädlich und blähend. Dies trifft auch tatsächlich auf ihr *Zythos* zu, denn es wurde nur aus Wasser und roher Gerste hergestellt. Sie fügten keinen Hopfen hinzu, weshalb es auch nicht haltbar war, sondern schnell sauer wurde, was die Nerven schädigte. Unser Bier hingegen kann reifen und alt werden. Daher sollte über unser Bier nicht aufgrund der Schriften der Alten geurteilt werden.

Verum hoc loco Eobani versus opponi possunt, autoris satis recentis, quem de nostra, non aliena, aut veterum, cuius usus hoc tempore ignoratur, Cerevisia, scripsisse, verisimile est. Cuius haec sunt verba:

Qui docuit crasso Cererem confundere succo,
Huic iratus erat Bacchus et ipsa Ceres.
Nam Pelusiaci qui laudat pocula Zythi,
Illi nec cerebrum, nec caput esse puto.
Renibus et nervis cerebroque hic noxius humor,
Saepe etiam leprae semina foeda iacit.

Respondeo. Locum illum ad verbum fere ex Dioscoride esse translatum. Quod facile adparebit legenti. Ita enim scribit lib. 2. cap. 80.

> Zythus ex hordeo paratur, movet urinam, renes et nervos laedit, et praecipue cerebri membranis noxius, gignit flatus, mali succi est, et elephantiasin facit, etc.

Et paulo post cap. 81:

> Quod Curmi vocatur, et ex eodem hordeo fit, et pro vini potu saepe usurpatur, capitis dolores, et malos corporis succos facit, nervisque nocet. Conficiuntur et ex triticea fruge huiusmodi pocula, ut in occidentali Hiberia et Britannia.

De Zytho idem Galenus, quod Dioscorides sentit, qui libro 6. de simplicium medicamentorum facultatibus ita scribit:

Eobanus' Verse, eines recht modernen Autors, könnten hier als Gegenargument angeführt werden, denn es ist wahrscheinlich, dass er über unser Bier und nicht über das der Alten oder das antike Bier schrieb, dessen Gebrauch heute nicht mehr bekannt ist. Er sagt [s. o. S. 9]:

Wer lehrte, Ceres mit dickem Saft zu vermischen,
auf den war Bacchus zornig und auch Ceres selbst.
Denn wer die Zythos-Becher von Pelusion lobt,
der kann weder Sinn noch Verstand haben.
Für Nieren, Nerven und Gehirn ist dieser Saft schädlich,
oft sät er die bösen Samen des Aussatzes.
[Eobanus Hessus, *De Tuenda Bona Valetudine* 1524]

Ich antworte darauf: Dieser Abschnitt ist fast wörtlich aus Dioskurides übernommen ist, was jedem auffällt, der ihn liest. Denn er schreibt in Buch 2, Kapitel 80:

Zythos wird aus Gerste hergestellt, regt den Urin an, schädigt die Nieren und Nerven, und ist besonders schädlich für die Gehirnhäute, verursacht Blähungen, ist von schlechter Qualität und führt zu Elephantiasis (Aussatz).
[Dioskurides, *De materia medica* 2,109]

Und etwas später, im Kapitel 81:

Das Curmi, das ebenfalls aus Gerste hergestellt wird und oft als Weinersatz dient, verursacht Kopfschmerzen und schlechte Körpersäfte und schadet den Nerven. Auch in Westiberien und Britannien werden solche Getränke aus Weizen gemacht.
[Dioskurides, *De materia medica* 2,110]

Über Zythos sagt Galen dasselbe, was Dioskurides meint, wenn er im 6. Buch über die Eigenschaften einfacher Arzneimittel folgendes schreibt:

> Zythus acrior est non parum hordeo, et succi pravi, utpote qui ex putredine proveniat, est et flatuosus, tum partim acris est et calidus, parte vero plurima frigidus, aqueus, acidus.

Eadem Aeginetae, et Aëtii adeoque veterum Graecorum omnium sententia est, ex quibus Simeon Sethi, Magister Antiochiae postremus, in hunc modum scribit:

> Phucas (sic enim Zythum appellat) simplex qui dem praeparatus frigidus est, compositus vero siccus est et calidus: ac quidem antiqui omnes existimant, mali esse succi, et nervis noxium, capitisque dolorem efficere. Utilis vero est adversus sacrum morbum, et ex vino conceptam crapulam, sanguinisque acuitatem sedat. Sed enim satius est huius usu abstinere, quod facile corrumpitur, qui ex eo fit succuis, et nervis nocumentum adfert.

Ferunt etiam, quod ebur in eo ad tempus immersum, maceratur mollescitque, ut cera. Recentiorum autem quidam, priscorum rationes redargvunt, aiuntque hunc in mulsis esse utilem, incolumitatemque ac sanitatem efficere. Et revera quidem prodest iis, qui calidiore sunt temperamento, et inprimis ventriculo. Qui vero per excessum calidi sunt, quique aestuosa afficiuntur siti, et magis quando duplex est, hoc est, compositus. Sedat enim sitim, et appetentiam suscitat, et ventrem cit, est et quando lotium. Iis autem qui stomacho udo sunt, et qui temperaturas frigidiores habent, valde nocet.

> Zythos ist schärfer als Gerste, von schlechter Qualität, weil es durch Fäulnis entsteht, es verursacht Blähungen und ist teilweise scharf und heiß, größtenteils jedoch kalt, wässrig und sauer.
>
> [Galen, *De simplicium medicamentorum temperamentis et facultatibus* 6,134]

Leute wie Aegineta [Paulus von Aigina], Aëtios [von Amida] und alle alten griechischen Autoren stimmen in dieser Meinung überein, darunter auch Symeon Seth, der letzte Lehrer von Antiochia, der schreibt:

> Phucas (so nämlich nennt er Zythos) ist einfach zubereitet kalt, zusammengesetzt jedoch trocken und heiß. Alle Alten halten es für von schlechter Qualität, schädlich für die Nerven und verursachend Kopfschmerzen. Es ist jedoch nützlich gegen Epilepsie und die von Wein verursachte Trunkenheit und mildert die Hitze des Blutes. Dennoch ist es besser, den Gebrauch davon zu meiden, da es leicht verdirbt und schlechte Säfte sowie Nervenschäden verursacht.
>
> [Symeon Seth, *Das A und O vom Essen und Trinken* 151]

Man sagt auch, dass Elfenbein, wenn es für eine gewisse Zeit darin eingeweicht wird, weich wird wie Wachs. Einige der neueren Gelehrten widerlegen die Ansichten der Alten und behaupten, dass dieser Trank in vielen Fällen nützlich sei und Gesundheit und Wohlbefinden fördere. Tatsächlich hilft er denen, die ein wärmeres »Temperament« haben, besonders im Magen. Jene aber, die unter einem Übermaß an Wärme leiden oder von intensiver Hitze und großem Durst betroffen sind, besonders wenn es sich um die »doppelte« Art handelt, das heißt, wenn der Trank zusammengesetzt ist, spüren die wohltuende Wirkung, dass er den Durst stillt, den Appetit anregt und den Darm anregt. Zudem fördert er den Harndrang. Doch für Menschen mit feuchtem Magen und kälteren »Temperaturen« ist er sehr schädlich.

Collatio albae et nigrae Cerevisiae.

Quod ad temperaturas et usum pertinet, in genere omnes Cerevisiae conveniunt, differunt deinde gradibus, et quaelibet species aliquid peculiare habet. Albae nigris magis, si caetera paria sunt, id est, si aequam frumenti portionem habverint, nutriunt, idque ratione materiae. Nutriendo enim triticum vincit hordeum. Huius rei non infirmum indicium est, quod copiosius lac nutricibus albae suppeditant. Magis etiam videntur ob eandem causam calefacere, sed facile non tam crassitudine, quam dulcedine obstructiones viscerum, et angustiam pectoris difficultatemque spirandi pariunt.

Collatio simplicis et mixte Cerevisiae.

Quaestio hic movetur, utrum simplex, vel mixta Cerevisia salubrior sit? Sed haec quaestio parum utilis esse videtur. Non enim miscentur frumenta, sicut vinum et aqua, sed sicut diversae uvae, ex quibus unum vinum efficitur.

Collatio Vini et Cerevisiae.

Praeter alia innumera dona, quibus Deus Septentrionali plagae prospexit, et multa quae desunt, et in aliis tantum regionibus proveniunt, uberrime compensavit, non minimum est Cerevisia. Quid enim ea sublata bibituri essent homines? quid facerent, quibus nec vinum convenit, nec contingere per inopiam potest, et quorum natura aquam respuit? Itaque clementissimus pater, pro sua inenarrabili bonitate, et erga humanum genus benevolentia, ne quid ad vitam sustentandam deesset, pro vino hunc potum saluberrimum monstravit, qui omnibus temporibus, et ubique locorum parari potest, nec solum, ut

Vergleich von hellem und dunklem Bier

In Bezug auf »Temperaturen« und Gebrauch stimmen alle Biere im Allgemeinen überein, unterscheiden sich jedoch in den Abstufungen, und jede Art hat etwas Besonderes. Helle Biere nähren besser als dunkle, vorausgesetzt, dass sie die gleiche Menge an Getreide enthalten. Dies liegt an der Zusammensetzung der Rohstoffe, denn Weizen nährt besser als Gerste. Ein klarer Hinweis darauf ist, dass helle Biere Ammen reichlich Milch verschaffen. Helle Biere scheinen auch aus diesem Grund stärker zu erwärmen, aber sie verursachen nicht selten durch ihre Süße, nicht durch ihre Dicke, Verstopfungen in den Eingeweiden und Atembeschwerden.

Vergleich von einfachem und gemischtem Bier

Es stellt sich die Frage, ob einfaches oder gemischtes Bier gesünder ist. Diese Frage scheint jedoch wenig nützlich zu sein. Denn die Getreidearten werden nicht wie Wein und Wasser gemischt, sondern wie verschiedene Trauben, aus denen ein Wein entsteht.

Vergleich von Wein und Bier

Unter den unzähligen Gaben, mit denen Gott den nördlichen Regionen gnädig war, und den vielen Dingen, die in anderen Ländern fehlen und nur dort gedeihen, hat er reichlich kompensiert, und nicht zuletzt durch das Bier. Denn was würden die Menschen ohne dieses Getränk trinken? Was sollten jene tun, denen der Wein nicht bekommt oder die aus Mangel keinen Zugang zu ihm haben und deren Natur Wasser ablehnt? Deshalb hat der mildeste Vater, aus seiner unbeschreiblichen Güte und seinem Wohlwollen gegenüber der Menschheit, diesen äußerst gesunden Trank als Ersatz für Wein offenbart, der zu jeder Zeit und an jedem Ort zubereitet werden kann, und der

vina, ab autumni temperatura pendet, nec tantum ubi calidior coeli facies est nascitur. Hinc me rito vinum Germanicum, vel potius Septentrionale ab omnibus appellandum esset.

Caeterum differt a vino multis modis: vina citius nutriunt, Cerevisiae maximeque triticeae magis. Bibentes enim Cerevisiam minus comedunt, quod non fieret, nisi copiosum alimentum suppeditaret. Adde quod in his terris crassiora, et etiam robustiora corpora reperiantur, quam ubi vinum tantum in usu est. Nec dubium est, quin hic potus naturae sit gratissimus et accommodatissimus, cum assidve frumentis, ex quibus paratur, aliisque rebus ex eadem materia confectis, in cibo utamur. Natura enim, ut in aliis omnibus, ita in alimentis quoque assuetis maxime gaudet, ut Hippocrates autor est. Neque etiam a puerili aetate vinorum more alienus est, sed tum ipsis moderate eum exhibere, tum nutricibus assumere tuto licet. Postremo non laedit nervos nervosaque membra, etiamsi ieiuno stomacho bibatur aliquando, ideo nec articulorum dolores, nec podagrae, nec chiragrae, nec convulsiones, nec distentiones, tam frequentes, quam ubi vinum tantum bibitur, apud nos conspiciuntur. Verum haec mala fortasse non vino, sed abusui, videlicet quando intempestive, aut immodice hauritur; attribuenda erunt. Quanquam autem etiam in Cerevisiis immodicus usus sua detrimenta adfert, sunt tamen minora illis, necita violenta.

Aliae Cerevisiarum differentiae.

Differunt praeterea coctione, consistentia, colore, odore, sapore, aetate, et ratione vasorum, in quibus continentur, de quibus omnibus ordine breviter agam.

nicht, wie der Wein, von der herbstlichen Jahreszeit abhängig ist, noch nur dort wächst, wo das Klima wärmer ist. Daher sollte dieses Getränk zu Recht als »Germanischer Wein« oder besser noch »Nordischer Wein« von allen bezeichnet werden.

Dennoch unterscheidet es sich in vielerlei Hinsicht vom Wein: Weine nähren schneller, aber Biere, besonders Weizenbiere, noch mehr. Denn wer Bier trinkt, isst weniger, was nicht geschehen würde, wenn es nicht reichlich Nahrung bieten würde. Zudem finden sich in diesen Regionen kräftigere und robustere Körper als dort, wo nur Wein konsumiert wird. Es besteht kein Zweifel, dass dieses Getränk der Natur äußerst angenehm und passend ist, da wir regelmäßig Getreide und andere aus der gleichen Substanz hergestellte Produkte in unserer Nahrung verwenden. Die Natur erfreut sich, wie Hippokrates lehrt, besonders an den Nahrungsmitteln, an die sie gewöhnt ist. Auch ist dieses Getränk, anders als Wein, nicht von der Kindheit an fremd, sondern kann den Kindern in Maßen gegeben und von stillenden Müttern sicher konsumiert werden. Schließlich schadet es weder den Nerven noch den nervösen Körperteilen, selbst wenn es gelegentlich auf leeren Magen getrunken wird. Daher sieht man bei uns nicht so häufig Schmerzen in den Gelenken, Gicht, Handgelenkschmerzen, Krämpfe oder Schwellungen wie dort, wo ausschließlich Wein getrunken wird. Doch diese Leiden müssen möglicherweise weniger dem Wein als dessen Missbrauch zugeschrieben werden, nämlich wenn er unpassend oder in übermäßigen Mengen getrunken wird. Auch wenn übermäßiger Bierkonsum seine eigenen Nachteile mit sich bringt, sind diese doch geringer und weniger stark als beim Wein.

Weitere Unterschiede zwischen Bieren

Biere unterscheiden sich zudem in der Art des Kochens, ihrer Konsistenz, Farbe, Geruch, Geschmack, ihrem Alter und den Fässern, in denen sie gelagert werden. Über all dies werde ich kurz und geordnet sprechen.

De Coctione.

Quaedam rite et perfecte coquuntur, quaedam vero male, vel ob lignorum inopiam, vel propter artificum incuriam. Vocantur igitur hae crudae, praecipue quando lupulus non probe coctus est, quae stomachum offendunt, cruditatem pariunt, renibus et vesice officiunt, stranguriam, similiaque vesicae mala creant. Similiter quando non probe deferbverunt, vel propter frigus ambientis aëris intensum, vel cum sero faeces admiscentur, aut quando non ad satietatem usque deferbverunt, sed ante iustum tempus in dolia diffunduntur. Hae Cerevisiae raro exactam claritatem sortiuntur.

De Consistentia.

Quare aliae aliis crassiores sint, supra causas exposuimus, nunc hoc adii ciendum, crassiores tenuioribus tardius con coqui, atque in corpus universum distribui, magis tamen nutrire. Tenviores vero contra cito alterantur, in partes corporis celeriter rapiuntur, movent urinam, et parum alunt. Mediocres omnia faciunt mediocriter.

Utrum recens aut vetustior Cerevisia sit crassior.

Recens Cerevisia per accidens crassa est, vel potius turbida, videlicet nondum depurata, et a faecibus purgata. Purifi cata vero tenuior est vetusta. Nam plurimum adhuc aquositatis, quae tempore absumitur, habet Quamobrem substantiam ipsam crassiorem fieri necesse est.

Über das Kochen

Einige Biere werden richtig und vollständig gekocht, andere schlecht, entweder aufgrund von Holzknappheit oder wegen der Nachlässigkeit der Handwerker. Diese nennt man roh, besonders wenn der Hopfen nicht richtig gekocht wurde, was den Magen stört, Unverdautes hervorruft und Nieren- sowie Blasenprobleme verursacht. Dasselbe gilt, wenn das Bier nicht richtig gärt, entweder aufgrund von starkem Kältegrad der Umgebungsluft oder wenn die Hefe zu spät zugesetzt wird oder das Bier nicht ausreichend gärt, sondern zu früh in Fässer gefüllt wird. Solche Biere erlangen nur selten eine vollkommene Klarheit.

Über die Konsistenz

Einige Biere sind dicker als andere, was auf die oben genannten Gründe zurückzuführen ist. Dickere Biere werden langsamer verdaut und im Körper verteilt, nähren jedoch besser. Dünnere hingegen werden schneller verändert und im Körper schneller aufgenommen, sie regen den Urin an, nähren jedoch weniger. Mittlere Biere tun alles in Maßen.

Ob die frische oder ältere Bierart dicker ist

Frisches Bier ist nur scheinbar dick, oder besser gesagt, es ist trüb, da es noch nicht gereinigt und von den Hefesedimenten getrennt wurde. Nach der Klärung und mit zunehmendem Alter wird es dünner, da ein Großteil der noch vorhandenen wässrigen Substanz im Laufe der Zeit verdunstet. Daher muss die eigentliche Substanz des Biers durch die Abnahme dieser Flüssigkeit dicker werden.

De Colore.

Tinguntur Cerevisiae frumento et lupulo (aqua siquidem perspicua et alba est, omnisque coloris expers) et quo hordeum magis tostum, et lupulus maturior est, ite quo diutius coquitur utrumque, eo Cerevisia tum tinctior, tum calidior redditur. Hinc ex colore de temperaturae gradu colligi potest, videlicet calidio rem esse quae tinctior, frigidiorem quae remissioris coloris est.

De Odore.

Omnes Cerevisiae communem quendam odorem, sicut et saporem, habent, per quae a reliquis liquoribus discernuntur. Praeter hunc communem etiam quaedam peculiares sibi qualitates, quibus a reliquis facile dinoscuntur, possident. Sunt quae aromaticum odorem saporemque prae se ferunt, quemadmodum selectae Torgenses, qui utrum ex lupulis, vel coquendi ratione proveniant, mihi non constat. Hae praeterquam quod nutriunt et alterant, etiam confortant cor et cerebrum.

De Sapore.

Saporum maior diversitas est. Praeter enim communem omnibus Cerevisiis; aliae dulces sunt, aliae subamare, aliae subacres, aliae vinosum saporem habent, quemadmodum quaedam ex albis, maxime cum mediam aetatem excedunt, sicut Goslariensis, et albae Polonicae. Reperiuntur et subsalsae, quae vehementius reliquis exiccant, et sitim magis incendunt, quam sedant.

Verum hi sunt nativi sapores, alieni a negligenti praeparatione, vase et aetate contrahuntur. Siquidem quaedam Cerevisiae adustionem resipiunt, propter ignem immodicum, et agitationem intermissam. Quaedam fumum aut fuliginem et

Über die Farbe

Die Farbe des Bieres wird durch das Getreide und den Hopfen bestimmt (denn Wasser selbst ist farblos und klar). Je stärker die Gerste geröstet und der Hopfen gereift ist und je länger beide zusammen gekocht werden, desto intensiver und wärmer wird das Bier. Daraus lässt sich ableiten, dass ein Bier mit intensiverer Farbe wärmer ist, während ein Bier mit blasserer Farbe kühler ist.

Über den Geruch

Alle Biere haben einen gemeinsamen Geruch und Geschmack, durch den sie sich von anderen Getränken unterscheiden. Neben diesem allgemeinen Geruch besitzen manche Biere auch spezifische Aromen, an denen sie leicht erkannt werden. Einige haben einen aromatischen Geruch und Geschmack, wie die auserlesenen Biere aus Torgau, wobei es unklar ist, ob dies vom Hopfen oder der Kochmethode herrührt. Diese Biere nähren nicht nur, sondern stärken auch Herz und Gehirn.

Über den Geschmack

Es gibt eine größere Vielfalt im Geschmack. Neben dem gemeinsamen Geschmack aller Biere gibt es süße, leicht bittere, leicht saure und solche mit einem weinartigen Geschmack. Dies trifft insbesondere auf einige helle Biere zu, vor allem wenn sie reifen, wie das Goslarer Bier und die hellen polnischen Biere. Es gibt auch leicht salzige Biere, die stärker austrocknen und den Durst eher entfachen als löschen.

Diese Geschmacksrichtungen sind natürlichen Ursprungs; andere entstehen durch schlechte Herstellungsweise, Lagerung oder Alterung. Manche Biere schmecken verbrannt, was auf übermäßige Hitze und unzureichendes Rühren zurückzu-

olent et sapiunt, videlicet quae straminibus, stipulis, ramentis lignorum, aut viridibus nimium lignis, sive resinosis coquuntur, quod in quibusdam Thuringiae locis penuria lignorum accidit. Contrahunt aliquando Cerevisiae alienam et ingratam dulcedinem, quando nimis tarde incipiunt fervere, ut supra dixit.

De Aetatibus.

Quemadmodum in plantis, animalibus, aliisque rebus omnibus, ita quoque in potu temperamentum variat, iuxta aetatis cursum, sed contraria ratione. Quo enim Cerevisiae vetustiores, eo calidiores, quo recentiores, eo minus calefaciunt. Fiunt enim progressu temporis calidiores, consumpta tenuiore et aquosiore parte. Vocatur autem decoctum frumenti et lupuli docendi gratia, antequam fervere incipit, lixivium Cerevisiae. Hoc a quibusdam hominibus, mulieribus praesertim, magis irritante gula, et corrumpeo adpetitu stimulante, quam necessitate postulante, hauritur: Turbat ventrem, inflationes et tormina movet, non bene concoquitur, nec in corpus bene digeritur, gignit obstructiones, hypochondria diffendit, urinam remoratur. Recentes Cerevisiae, nempe quae adhuc fervent, aut vix deferbverunt, eadem mala, sed minora tamen creant. Vetustae cum acescere incipiunt, ventriculum, renes, uterum, nervos, et reliqua nervosa membra offendunt, urinam cient. Acescunt Cerevisiae non tantum vetustate, sed etiam lupuli paucitate, et coctionis imperfectione.

Causae durabilitatis Cerevisiarum.

Hoc loco non alienum videtur, causas durabilitatis, cum aliae celeriter corrumpantur, aliae vero diu integrae maneant, ac

führen ist. Andere haben einen rauchigen oder rußigen Geschmack, was geschieht, wenn sie mit Stroh, Schilfrohr oder harzigen Hölzern gekocht werden, wie es in einigen Teilen Thüringens wegen Holzknappheit der Fall ist. Manchmal entsteht ein unangenehm süßer Geschmack, wenn das Bier zu langsam zu gären beginnt, wie zuvor erwähnt.

Über das Alter

Wie bei Pflanzen, Tieren und allen anderen Dingen variiert auch beim Getränk das »Temperament« im Verlauf des Alters, jedoch auf gegensätzliche Weise. Je älter das Bier ist, desto wärmer wird es; je frischer es ist, desto weniger wärmt es. Im Laufe der Zeit wird es wärmer, da der dünnere und wässrigere Teil verbraucht wird. Die Abkochung von Gerste und Hopfen, bevor sie zu gären beginnt, wird aus didaktischen Gründen Bierlauge genannt. Diese wird von manchen Menschen, besonders von Frauen, weniger aus Notwendigkeit, sondern eher aus einem verdorbenen Appetit und reizendem Hunger getrunken. Sie stört den Magen, verursacht Blähungen und Bauchkrämpfe, wird nicht gut verdaut und auch nicht gut im Körper aufgenommen, führt zu Verstopfungen, breitet sich in den Hypochondrien aus und hemmt den Harnfluss. Frische Biere, die noch gären oder kaum vergoren sind, verursachen dieselben Beschwerden, jedoch in geringerer Intensität. Alte Biere hingegen, wenn sie sauer zu werden beginnen, schädigen den Magen, die Nieren, die Gebärmutter, die Nerven und andere nervöse Organe und regen den Harn an. Biere werden nicht nur durch Alterung sauer, sondern auch durch einen Mangel an Hopfen und unvollständiges Kochen.

Gründe für die Haltbarkeit von Bieren

Es scheint an dieser Stelle angemessen, die Gründe für die Haltbarkeit von Bier zu erläutern, da einige Biere schnell ver-

multam vetustatem ferant, referre. Prima itaque ac praecipua causa est quantitas lupuli, cuius munus est, ut supra diximus, integre conservare vires. Quae igitur multum lupulorum recipiunt, diu incorruptae manent. Quoniam vero quae diutius coquuntur, diutius etiam servantur, ut experientia testa tur, alteram durationis causam merito coctioni acceptum ferre decet.

Id eo accidit. Nam humiditas quae alterationi exposita, et corruptioni aptissima materia est, coquendo absumitur. Facit ad durabilitatem non parum quoque vasorum dispositio. In picatis siquidem non aeque facile vitiatur, atque in aliis.

De loco quid attinet dicere, cum omnibus perspectum sit alium locum alio ad conservandas Cerevisias aliasque potiones, magis esse opportunum. Postremo in hac re haud quaquam postremum sibi locum aëris temperatura vendicat. Nam aër circundans calidior iusto, corrumpit Cerevisias, et praecipue in acetum transmutat, Resolvit enim nativum calorem, quo res omnes reguntur, foventur, atque conservantur. Hoc resoluto paulatim potus acescunt, et tandem omnino in acetum convertuntur, Plurimum quoque momenti ad conservandas Cerevisias crebra inspectio habet, quae causa oeconomica potius, quam philosophica est, ideoque in praesentia obiter tantum attingenda.

De Vasis.

Restat ut de vasis adhuc aliquid adiiciamus, haec variant pro lignorum diversitate, et quia aliquando simplicia Cerevisiam recipiunt, aliquando pice intrinsecus oblita. Picatae igitur Cerevisiae, ut diximus, diutius quidem durant, sed caput facile tentant, maxime quibus id calidum et infirmum est.

derben, während andere lange Zeit haltbar bleiben. Der wichtigste Grund ist die Menge an Hopfen, dessen Aufgabe es ist, die Kraft des Bieres, wie bereits erwähnt, zu bewahren. Biere, die viel Hopfen enthalten, bleiben lange unverändert. Da jedoch Biere, die länger gekocht werden, ebenfalls länger haltbar sind, wie die Erfahrung zeigt, ist dies der zweite Grund für ihre Haltbarkeit.

Dies geschieht, weil durch das Kochen die Feuchtigkeit, die für Verderblichkeit anfällig ist, reduziert wird. Auch die Lagerung in verpichten Fässern trägt erheblich zur Haltbarkeit bei, da Bier in diesen Fässern nicht so leicht verdirbt wie in anderen.

Was den Ort betrifft, so erübrigt es sich, viel darüber zu sagen, da es allgemein bekannt ist, dass ein Ort für die Konservierung von Bier und anderen Getränken besser geeignet ist als ein anderer. Schließlich spielt in dieser Angelegenheit keineswegs die Temperatur der Luft eine untergeordnete Rolle. Denn die umgebende Luft, wenn sie zu warm ist, verdirbt das Bier und verwandelt es vor allem in Essig. Sie löst nämlich die natürliche Wärme auf, durch die alle Dinge geregelt, gefördert und erhalten werden. Wird diese aufgelöst, beginnen die Getränke allmählich sauer zu werden und verwandeln sich schließlich gänzlich in Essig. Auch häufige Überprüfung ist von großem Einfluss auf die Konservierung des Bieres, was jedoch eher aus ökonomischen als aus philosophischen Gründen geschieht und daher hier nur beiläufig erwähnt werden soll.

Über die Fässer

Schließlich bleibt noch, etwas über die Fässer hinzuzufügen. Diese variieren je nach Art des verwendeten Holzes und ob sie innen mit Pech ausgekleidet sind oder nicht. Biere, die in Pechfässern gelagert werden, halten, wie bereits erwähnt, länger, aber sie wirken sich stärker auf den Kopf aus, insbesondere bei Menschen, die anfällig für Hitze oder Kopfleiden sind.

De vitiosis Cerevisiis.

Etsi hactenus de vitiosis Cerevisiis, inter reliqua obiter aliquid dictum est, tamen nunc certum aliquem locum eis tribuam. Contrahitur igitur primum vitium a materia. Nam ex maia materia nunquam bonus potus ulla arte parari potest, nec vitia nativa emendationem confectione recipiunt. Illud non raro accidere potest, ut res optime mala praeparatione et negligentia artificum corrumpantur. Hoc modo ex bono frumento et probatissimo lupulo, vel crudae Cerevisiae, vel adustionem resipientes proveniunt.

Ut maxime autem nec hic, neque ibi quidquam neglectum sit, sed omnia diligenter expedita sint, ne vel vasis non probe elotis aut expurgatis, alienum saporem concipiant, neve quando non recte obturantur, exolescant, cautio est. De acidis dictum est.

Über fehlerhaftes Bier

Obwohl schone nebenbei etwas über fehlerhafte Biere gesagt wurde, werde ich ihnen jetzt einen eigenen Abschnitt widmen. Der erste Fehler kommt von den Materialien. Denn aus schlechtem Material kann durch keine Kunst ein gutes Getränk zubereitet werden; auch können angeborene Fehler nicht bei der Herstellung korrigiert werden. Es kommt oft vor, dass selbst die besten Zutaten durch schlechte Zubereitung und die Nachlässigkeit der Handwerker verdorben werden: So können selbst aus gutem Getreide und feinstem Hopfen rohe oder verbrannt schmeckende Biere entstehen.

Aber auch wenn hier und da nichts vernachlässigt und alles sorgfältig beachtet wird, müssen Vorkehrungen getroffen werden, damit das Bier nicht durch unzureichend gewaschene oder gereinigte Gefäße einen fremden Geschmack bekommt oder durch unsachgemäßes Verschließen verdirbt. Die Frage des Sauerwerdens wurde bereits angesprochen

De accidentibus et superflutatibus Cerevisiae

De Spuma.

Duplex est spuma Cerevisiarum. Alia a causa interna oritur, videlicet quando fervet Cerevisia. Altera fit ab externa causa, ex fusione, aut motione. Illa est tanquam flos Cerevisiae, rara, crispa, feculenta, in summo natans, et postquam Cerevisia deferbuit, densatur, et paulatim subsidit atque fundum descendit. Quae ex fusione aut agitatione fit ab illa diversa, spuma est, quae tandem evanescit. Spumae vero consideratio nonnihil ad iudicandum de Cerevisiarum bonitate facit: variat enim. Hordeacearum rarior ac copiosior est, triticearum vero paucâ, densior, et lactea quodammodo, vix superficiem tegens, quemadmodum in Hamburgensi. Durabilis spuma in suo genere bonitatis nota est.

De Fecibus.

Feces igitur sunt crassum et terrestre Cerevisiae sedimentum, quae propter em imum dolii locum occupant. Habent facultatem calidam et siccam, flatuosam, quarum varius usus est.

De deuteria, secundaria Cerevisia, sive lora Cerevisiae.

Ex reliquiis hordei et lupuli affusa cocta aqua et colata fit lora, quae viribus et temperamento longissime a Cerevisia, ad aquae naturam recedit. Quare nec nutrit, nec calefacit admodum, sed aquae ritu contrarium efficit.

Über die zusätzlichen und überschüssigen Eigenschaften des Bieres

Über den Schaum

Es gibt zwei Arten von Bierschaum. Der eine entsteht durch eine innere Ursache, nämlich wenn das Bier gärt. Der andere entsteht durch eine äußere Ursache, wie durch das Einschenken oder durch Bewegung. Jener ist wie die Blüte des Biers, dünn, kraus, schaumig, schwimmt oben und verdichtet sich, nachdem das Bier aufgehört hat zu gären, und sinkt nach und nach ab und setzt sich am Boden ab. Der Schaum, der durch Einschenken oder Bewegung entsteht, ist von jenem verschieden, es ist Schaum, der schließlich verschwindet. Die Betrachtung des Schaums trägt etwas zur Beurteilung der Qualität des Biers bei, denn er variiert. Der Schaum von Gerstenbier ist dünner und reichlicher, der von Weizenbier jedoch spärlicher, dichter und milchig, bedeckt kaum die Oberfläche, wie beim Hamburger Bier. Beständiger Schaum ist ein Zeichen von guter Qualität.

Über die Hefe

Die Hefe ist das dicke, erdige Sediment des Bieres, das sich am Boden des Fasses absetzt. Sie ist warm und trocken und neigt dazu, Blähungen zu verursachen und hat vielfältige Verwendungsmöglichkeiten.

Über Sekundärbier oder Lora vom Bier

Lora entsteht, indem man die Rückstände von Gerste und Hopfen mit Wasser übergießt und kocht. Dieses Getränk ist in seinen Eigenschaften weit vom Bier entfernt und nähert sich dem Wasser in seiner Natur an. Daher nährt es nicht und erwärmt kaum, sondern hat die Wirkung von Wasser.

De mediis Cerevisiis.

Praeter hanc sunt quaedam mediae Cerevisiae, variis adpellationibus in Germanica lingua distinctae. De quibus unam regulam tenere satis est, nempe quo longius a prima discedunt, eo esse infirmiores, et quo propiores Cerevisiae, eo pleniores et efficaciores, sive, quo plus secundariae recipiunt, eo debiliores, quo plus primariae, eo validiores. Fiunt enim ex mixtura amborum.

Über mittlere Biere

Neben diesen gibt es noch einige mittlere Biere, die in der deutschen Sprache verschiedene Namen tragen. Es genügt zu wissen, dass sie schwächer sind, je weiter sie sich von der ersten Gärung entfernen, dass sie, je weiter sie sich von der ersten Gärung entfernen, desto schwächer sind, und je näher sie dem ursprünglichen Bier sind, desto stärker und nahrhafter. Je mehr Sekundärbier verwendet wird, desto schwächer wird es, je mehr Primärbier, desto kräftiger wird es. Solche Biere entstehen durch die Mischung beider.

De praecipuis Cerevisiis

Exempla.

Hactenus in genere de Cerevisiis diximus, et eas calefaciendi siccandique vires habere ostendimus, hinc facile est iudicium facere de reliquis generibus Cerevisiarum, sive ex aliis frumentis, sive ex leguminibus effingantur.

Nunc ut melius superiora intelligantur, et quae adhuc explicanda restant adiiciantur, praecipuarum quarundam mentionem facere, et a Dantiscana, quam primas inter omnes tenere, et quasi Reginam Cerevisiarum esse non dubitamus, initium facere visum est.

De Cerevisiis Prussiae.

Etsi Prussia multa genera optimarum Cerevisiarum habet, Dantiscana tamen omnes longe post se relinquit, et quamlibet etiam Germaniae Cerevisiam viribus superat, nec ullam quae ipsi hoc nomine non cedat, reperire est. Est sapore et aspectu grata, plena, multum nutrit, bonum sanguinem gignit, si modice sumitur, efficit bene coloratos, et una uncia validior est, quam integer sextarius tenuis alicuius hordeaceae Cerevisiae. Possent aliae tenuiores hac condiri, et vi res acquirere, ut deinde alieno praesidio inter mediocres referrentur.

Quidam utuntur ea loco pharmaci mollientis alvum, plurimumque se iuvari experiuntur. Immodicus autem usus, sicut aliarum omnium etiam optimarum rerum malus est, et morbos graves progignit. Incendit enim sanguinem, suffundit faciem rubore non naturali, lippitudines oculorum parit, podagras, articu-

Über die wichtigsten Biersorten

Beispiele

Bisher haben wir allgemein über Biere gesprochen und gezeigt, dass sie die Kräfte des Erwärmens und Austrocknens besitzen. Daraus lässt sich leicht ein Urteil über andere Bierarten ableiten, sei es, dass sie aus anderem Getreide oder Hülsenfrüchten hergestellt werden.

Nun, um die vorherigen Ausführungen besser zu verstehen und um die noch unerklärten Punkte zu ergänzen, erscheint es mir sinnvoll, einige der wichtigsten Biersorten zu erwähnen und mit dem Bier von Danzig (Gdańsk) zu beginnen, das als das beste unter allen und als die »Königin der Biere« angesehen wird.

Über die Biere Preußens

Obwohl Preußen viele Sorten hervorragender Biere hat, lässt das Danziger Bier alle weit hinter sich zurück und übertrifft sogar jedes Bier aus Deutschland in seiner Wirkung. Es gibt kein Bier, das ihm in dieser Hinsicht nicht nachsteht. Es ist angenehm im Geschmack und im Aussehen, vollmundig, nährt gut und erzeugt, wenn es in Maßen genossen wird, gutes Blut, macht die Hautfarbe schön und ist so stark, dass eine Unze davon kräftiger ist als ein ganzer Krug eines dünnen Gerstenbieres. Andere schwächere Biere könnten mit diesem Bier vermischt werden, um ihre Wirkung zu verstärken, sodass sie schließlich als mittelmäßige Biere durchgehen könnten.

Einige verwenden es als Abführmittel und stellen fest, dass es ihnen gut tut. Ein übermäßiger Konsum jedoch, wie bei allen Dingen, führt zu schweren Krankheiten. Es erhitzt das Blut, verursacht unnatürliche Gesichtsröte, Augenentzündungen, Gicht und Gelenkschmerzen, und führt zu Verdauungsstörun-

lorumque dolores excitat, cruditates calore debilitato adfert. Modice igitur bibenda, nempe quan tum vires tolerant, non quantum gula adpetit.

Enumerarem copiosius laudes huius Cerevisiae, et peculiare Encomium instituerem, si argumenti forma pateretur, verum id Rhetoribus relinquo. Quae autem maior laus est, quam inter bonas res primas tenere, et ex laudatissimis Cerevisiis aliis anteponi. Ad hanc prope accedit nostra aulica Cerevisia, quae in Martio cocta Martiana adpellatur, est tamen viribus inferior. Civitatum etiam Cerevisiae probantur, sed gradibus a superioribus longius distant. Est et Elbingensis utilis potus, propter bonitatem, et saporis gratiam. Sunt praeter has multae alie, quae in oppidis magnis et parvis, nec non arcibus coquuntur, quae viribus multis laudatissimis pares sunt. Sed nomen obscurum est, vel quia in locis procul a fluminibus remotis coquuntur, vel quia optimarum copia mediocres, ut fit, obscurat.

De Polonicis.

Polonia in primis albis Cerevisiis delectatur, quas et varias, et praestantes habet, quae bene nutriunt, bonum sanguinem gignunt, et egregie sitim sedant, maxime quae vinosi saporis sunt, palatum amplectitur.

De Lituanicis.

Eodem modo et Lituanicas vehementer commendari audio, in quarum tamen natura exploranda nondum periculum feci.

gen durch die geschwächte Hitze. Es sollte also nur in Maßen getrunken werden, in dem Maße, wie es der Körper verträgt, nicht in dem, was der Appetit verlangt.

Ich könnte die Vorzüge dieses Bieres ausführlicher loben und eine spezielle Eloge verfassen, aber ich überlasse dies den Rhetorikern. Was ist jedoch ein größerer Lobpreis, als unter den guten Dingen den ersten Platz einzunehmen und anderen hochgelobten Bieren vorzuziehen zu werden? Fast ebenso gut ist unser Hofbier, das im März gekocht wird und als Märzen (»Martiana«) bezeichnet wird, aber es ist schwächer als das Danziger. Auch die Biere der Städte sind gut, stehen aber weit hinter den oben genannten. Das Bier aus Elbing (Elbląg) ist ebenfalls ein nützliches Getränk, das durch seinen guten Geschmack und seine Qualität besticht. Darüber hinaus gibt es viele weitere Biere, die in großen und kleinen Städten sowie in Burgen gekocht werden und die den bekanntesten Bieren in ihrer Stärke ebenbürtig sind. Ihr Name ist jedoch weniger bekannt, entweder weil sie in abgelegenen Orten fernab von Flüssen gekocht werden, oder weil die Fülle der besten Biere die mittelmäßigen in den Schatten stellt, wie es oft der Fall ist.

Über polnische Biere

Polen bevorzugt vor allem helle Biere, von denen es verschiedene und hervorragende Sorten gibt. Diese nähren gut, erzeugen gutes Blut und stillen den Durst hervorragend, insbesondere die mit einem weinartigen Geschmack, die dem Gaumen gefallen.

Über litauische Biere

Ebenso höre ich viel Lob über litauische Biere, aber ich habe ihre Natur noch nicht selbst erprobt.

Pomeranicae.

Ex Pomeraniae Cerevisiis praeferri audio Sunnensem, quam nondum gustavi. Adfertur Colbergensis ad nos, non contemnenda Cerevisia. Bibi in quibusdam pagis apud nobiles Cerevisias validissimas, et nullo modo reiiciendas.

Marchiae Cerevisiae.

Marchia multas laudatas Cerevisias habet, sed praecipuae sunt Bernavensis, Repinensis, Garlebiensis et Soltuvedelensis. Postremae ego primas tribuo. Coquitur enim ex bona aqua, et solido frumento: plena est, non nimium lupuli habet, palato grata, boni coloris homines plurimi ibi inveniuntur. Garlebiensis, quia triticum vehementer tostum recipit, facile stranguriam concitat, et fauces, si intemperanter sumitur, ad noctem are facit. Bernavensis aestate prae caeteris in precio est. Repinensis multum substantiae habet, plurimumque nutrimentum exhibet. Habet quaelibet et ex his atque sequentibus peculiare etiam nomen, ut Brandenburgensis, antiquus Nicolaus, quod bibentes somnolentos ac ignavos reddit, vocatur. Verum cognomina ad temperaturarum cognitionem nihil faciunt. Quare nec scribenda, nec explicanda.

Pommersche Biere

Unter den pommerschen Bieren höre ich, dass das Bier aus Stolp (Słupsk) besonders gelobt wird, das ich allerdings noch nicht probiert habe. Das Bier aus Kolberg (Kołobrzeg), das zu uns gebracht wird, ist jedoch nicht zu verachten. In einigen Dörfern habe ich bei Adligen äußerst kräftige und durchaus annehmbare Biere getrunken.

Biere der Mark (Brandenburg)

Die Mark Brandenburg hat viele gelobte Biere, aber die besten sind die aus Bernau, Rathenow, Gardelegen und Salzwedel. Letzteres stelle ich an die Spitze. Es wird aus gutem Wasser und festem Getreide gekocht, ist vollmundig, hat nicht zu viel Hopfen, ist angenehm für den Gaumen und hat eine schöne Farbe. In der Region findet man viele Menschen mit guter Gesundheit. Gardelegener Bier enthält sehr stark geröstetes Getreide, was leicht zu Harnbeschwerden führt und den Rachen austrocknet, wenn es übermäßig getrunken wird. Das Bier aus Bernau ist im Sommer wegen seiner erfrischenden Eigenschaften besonders beliebt. Das Bier aus Rathenow hat viel Substanz und bietet reichlich Nahrung. Jedes dieser Biere hat auch einen besonderen Namen, wie das Bier aus Brandenburg, der »alte Nikolaus«, das wegen seiner einschläfernden Wirkung als solches bezeichnet wird. Aber die Namen tragen nichts zur Erkenntnis der Bierqualität bei, daher sind sie weder aufzulisten noch zu erklären.

De Hamburgensi.

Quemadmodum inter hordeaceas Cerevisias Dantiscana, ita inter triticeas, quas ego quidem gustavi, Hamburgensis primum locum sibi vendicat, grati saporis est, multum substantiae habet, copiosum alimentum, et boni succi praebet, sanguini bono gignendo est, efficit venustum colorem. Colore enim eleganti non solum puellae et mulieres, sed etiam adolescentes plurimi ibi conspiciuntur: aetate vires, more aliarum triticearum, cito amittit, nec diu durat. Non facile calculum gigni patitur, neque solum colorem bonum nativum reddit, sed etiam cutem teneram et mundam lotione facit. Multi utuntur ea ad solvendam alvum per se, aut butyro addito Phrysico. Sunt qui ad omnes morbos eam valere non secus ac Cato Brassicam suam, credunt, ideoque alia medicamenta omnia respuunt, totamque Medicinam contemnunt. Quasi vero omnia mala corporis alvi solutione tollantur, totaque ars medica nihil aliud sit, quam ratio molliendi, laxandive alvum. Sed haec omitto. Immodice autem hausta turpiter faciem deformat, incrementaque et tubercula multa producit. Nam ob calorem superiora potissimum petit. Quia vero plus nutrimenti, quam ex usu est, capiti accedit, nascuntur incrementa, tubercula, intumescunt partes faciei, et quum sanguis calidior iusto sit, ruborem etiam non na turalem excitat, is tandem in plumbeum, deficiente paulatim nativo colore, degenerat.

De Lubecensi.

Lubecenses ad huius imitationem Cerevisiam coquunt, Israël dictam, iisdem viribus, at infirmioribus, itaque quibus caput non admodum firmum est, haec illa aptior iudicari debet. Conantur et multae aliae vicinae civitates Hamburgensem ut praestantissimam exprimere, verum non admodum feliciter.

Über das Hamburger Bier

Wie das Danziger Bier unter den Gerstenbieren den ersten Platz einnimmt, so beansprucht das Hamburger Bier, das ich gekostet habe, unter den Weizenbieren den ersten Platz für sich. Es ist geschmackvoll, hat viel Substanz, liefert reichlich Nahrung und bietet guten Saft, um gutes Blut zu erzeugen und eine schöne Hautfarbe zu fördern. Besonders in Hamburg findet man viele Mädchen, Frauen und Jugendliche mit schöner Hautfarbe. Wie andere Weizenbiere verliert es schnell seine Kraft und hält nicht lange. Es neigt nicht zur Bildung von Nierensteinen und fördert nicht nur eine natürliche gute Hautfarbe, sondern macht die Haut auch zart und rein. Viele verwenden es als Abführmittel, entweder pur oder mit Butter. Einige glauben, dass es gegen alle Krankheiten hilft, ähnlich wie Cato [*Über den Ackerbau* 156] seinen Kohl pries, und lehnen daher alle anderen Heilmittel ab, als ob die Lösung aller Krankheiten allein in der Abführung des Darms bestünde. Aber das lasse ich beiseite. Übermäßiger Konsum verunstaltet das Gesicht auf unangenehme Weise und verursacht Schwellungen und viele Pickel, da die Hitze vor allem den Kopf erreicht. Da mehr Nährstoff als nötig das Gehirn erreicht, entstehen Schwellungen und Pickel, die Gesichtspartien schwellen an, und da das Blut zu warm wird, erzeugt es eine unnatürliche Rötung, die schließlich, wenn die natürliche Hautfarbe allmählich nachlässt, in ein bleifarbenes Aussehen übergeht.

Über das Lübecker Bier

Die Lübecker kochen ein Bier nach Hamburger Vorbild, das »Israel« genannt wird, das ähnliche, aber schwächere Eigenschaften hat. Daher wird es für Menschen, deren Kopf nicht sehr stark ist, als besser geeignet angesehen. Viele andere benachbarte Städte versuchen ebenfalls, das Hamburger Bier nachzuahmen, aber nicht allzu erfolgreich.

De Goslariensi.

Goslariensis etsi Hamburgensi consistentia cedit, est tamen non minus quam illa dignissima laude. Tenvior illa in principio dulcis, postea temporis progressu saporem (ut antea dixi) vinosum gustanti praebet, mediam naturam inter triticeas habet, nutrit et calefacit probe, bonum sanguinem gignit. Fiunt ex eo iuscula non secus ac vino, palato gratissima, ac corpori saluberrima.

De Embecensi, et Brunsuicensi.

Inter omnes sive aestivas, sive tenues hordeaceas sive lupulosas (ut ita dicam) Cerevisias, hae duae principatum tenent, et longissime tum terra tum mari, propter insignes ipsarum utilitates, avehuntur. Sunt enim valde inter se tum qualitatibus sensibilibus, tum viribus cognatae, adeo ut sepe una pro altera vendatur bibaturque.

Verum utra praestantior sit, non facile iudicatu, nec pronunciatu satis tutum Quisque enim suam commendari, ac caeteris praeferri cupit, alii aliam praeferunt. Ut ut autem res se habet, mihi Embecensis magis probatur. Nam saporem gratiorem illa habet.

Suspicor Brunsuicensis aquam, ex qua fit aliquid vitii, ex rivo influente contrahere. Ambae minus calefaciunt reliquis, minus nutriunt, celerrime penetrant, urinam movent, propter substantiae tenuitatem, et lupuli naturam, non ita petunt caput,

Über das Goslarer Bier

Das Goslarer Bier steht dem Hamburger in seiner Konsistenz nach, ist jedoch nicht weniger lobenswert. Anfangs ist es dünn und süß, bietet aber im Laufe der Zeit einen weinartigen Geschmack, wie bereits erwähnt. Es hat eine mittlere Natur zwischen Weizenbieren, nährt gut und wärmt, und erzeugt gutes Blut. Aus ihm lassen sich, ähnlich wie aus Wein, Brühen zubereiten, die sowohl für den Gaumen als auch für den Körper äußerst bekömmlich sind.

Über das Einbecker und Braunschweiger Bier

Unter allen Bieren -- ob Sommerbier, Leichtbier, Gerstenbier oder (um es so zu sagen) Hopfenbier -- nehmen diese beiden Biere den höchsten Rang ein und werden wegen ihrer bemerkenswerten Nützlichkeit weit über Land und Meer transportiert. Sie sind einander in der Tat sehr ähnlich, sowohl in ihren wahrnehmbaren Eigenschaften als auch in ihren Wirkungen, so dass sie oft als eines anstelle des anderen verkauft und getrunken werden.

Welche von beiden jedoch besser ist, lässt sich schwer beurteilen, und es ist nicht sicher zu sagen, da jeder sein eigenes Bier lobt und dem anderen vorzieht, während andere wiederum die jeweils andere Sorte bevorzugen. Wie dem auch sei, mir persönlich sagt das Bier aus Einbeck mehr zu. Es hat nämlich einen angenehmeren Geschmack.

Ich vermute, dass das Wasser in Braunschweig, aus dem das Bier gekocht wird, eine gewisse Qualitätseinbuße aufweist, da es möglicherweise aus einem verschmutzten Fluss stammt. Beide Biere wärmen weniger auf als andere Sorten, sie nähren weniger, dringen jedoch schnell in den Körper ein und wirken harntreibend, aufgrund ihrer leichten Konsistenz und der Wirkung des Hopfens. Sie greifen das Gehirn nicht so stark an

ut pleniores, evehunt aliquid bilis, aestivo tempore omnibus potibus praeferende, febricitantibus ut nihil gratius, ita vix quidquam salubrius.

Brunsuicensis facile dysuriam adfert, et calculum generat. Plurimi enim calculosi reperiuntur non solum in illa civitate, sed etiam in vicina.

Idem de Embecensi iudicium. Sunt ambae reliquis frigidiores: quod etsi experientia haud obscure confirmat, videtur tamen in quibusdam ratione carere, cum amaritudine, quae caliditatis nota est, vin cat alias. Quod etsi non negamus, constat tamen ex superioribus, non lupulum tantum, sed etiam frumentum considerandum esse, quod aliae copiosius habent.

De Rostochiensi.

Rostochiensis Cerevisia utilis potus est aestivo praesertim tempore. Quare a quibusdam pro Brunsuicensi apud nos aestate bibitur.

De Cerbessensi.

Haec Magdeburgensibus prae caeteris omnibus in delitiis est. Gustui namque grata, plena, beneque nutrit, in quibusdam mingendi difficultatem, atque urinae ardorem proritat. Itaque eiusmodi naturis cavenda, aut rarissime bibenda.

wie kräftigere Biere, fördern etwas den Gallenfluss und sind im Sommer allen anderen Getränken vorzuziehen. Für Fieberkranke ist kaum etwas angenehmer oder gesünder.

Das Braunschweiger Bier verursacht jedoch leicht Dysurie (schwieriges oder schmerzhaftes Urinieren) und begünstigt die Bildung von Nierensteinen. Es gibt in der Stadt und auch in der umliegenden Region viele, die unter Nierensteinen leiden.

Dasselbe Urteil gilt auch für das Einbecker Bier. Beide sind kälter als andere Biere. Obwohl dies durch Erfahrung bestätigt wird, scheint es dennoch in gewisser Weise unlogisch, da sie durch ihre Bitterkeit, die ein Zeichen von Wärme ist, andere übertreffen. Obwohl wir das nicht leugnen, ist es doch klar, dass man bei der Beurteilung nicht nur den Hopfen, sondern auch das Getreide berücksichtigen muss, von dem andere Biere mehr haben.

Über das Rostocker Bier

Das Rostocker Bier ist besonders im Sommer ein nützliches Getränk. Daher wird es von einigen in unserer Gegend im Sommer anstelle des Braunschweiger Biers getrunken.

Über das Zerbster Bier

Dieses Bier ist bei den Magdeburgern das beliebteste. Es ist angenehm im Geschmack, vollmundig und nährt gut. Bei einigen Menschen führt es jedoch zu Schwierigkeiten beim Urinieren und verursacht brennenden Harn. Von solchen Menschen sollte es daher gemieden oder nur sehr selten getrunken werden.

De Thuringiacis.

De Neoburgensi.

Haec in Thuringia celebratissima est, neque immerito. Nam multum substantiae habet, bene cocta est, multum nutrit, calorem genuinum auget, et nulla re, quae ad bonae Cerevisiae conditiones requiritur, caret. Facile autem caput tentat, hinc quidam eam obcaecare potantes clamant, neque id mirum est, cum non tam oculis, quam mente capiantur, si immodice et perinde ut iumenta aquas infundant.

De Erphordiensi.

Dignus esset hic potus honestiore cognomine, nec video, quid in eo desiderari queat. Nam boni succi est, uberrimum alimentum corporibus exhibet, saporem et colorem non alienum, sed palato delectabilem habet.

Me primum cum Erphordiam venirem, aliquamdiu nominis foeditas ab eius usu ut abstinerem, movit, postquam autem semel eam gustavi, gratissima mihi fuit. Miror aliunde eos adferre potum, cum domi optimum ipsi parent. Sed ea est hominum natura, ut aliena semper suis meliora esse purent, et nihil admirentur, nihil expetant, nihil in delitiis habeant, nisi quod aliunde adfertur, et quo quid longius advectum est, eo praestantius esse iudicatur.

Über die thüringischen Biere

Über das Naumburger Bier

Dieses Bier ist in Thüringen das bekannteste, und das mit gutem Grund. Es hat viel Substanz, wird gut gekocht, nährt reichlich, steigert die natürliche Wärme und fehlt in keiner der Eigenschaften, die ein gutes Bier auszeichnen. Es wirkt jedoch leicht auf den Kopf, weshalb manche Leute, die es trinken, behaupten, dass es ihre Augen vernebelt. Das ist aber nicht verwunderlich, denn sie verlieren weniger die Sehkraft ihrer Augen als vielmehr ihren klaren Verstand, wenn sie übermäßig viel davon trinken, so als ob sie das Bier wie Vieh in sich hineinschütten würden.

Über das Erfurter Bier

Dieses Bier verdient eigentlich einen respektableren Ruf, und ich sehe nicht, was an ihm auszusetzen wäre. Es hat guten Saft, bietet reichlich Nahrung für den Körper, hat einen angenehmen Geschmack und eine nicht unpassende Farbe, sondern erfreut den Gaumen.

Als ich zum ersten Mal nach Erfurt kam, hielt mich der schlechte Ruf des Bieres für eine Weile davon ab, es zu probieren, aber nachdem ich es einmal gekostet hatte, fand ich es sehr angenehm. Es wundert mich, dass die Leute Bier von anderswo her importieren, wenn sie zu Hause das beste Bier haben. Doch so ist die menschliche Natur: Man glaubt immer, dass das, was aus der Ferne kommt, besser ist als das, was man selbst besitzt. Man bewundert, begehrt und schätzt nur das, was von woanders herkommt, und je weiter es herkommt, für desto besser hält man es.

De reliquis Cerevisiis Thuringiae.

In multis Thuringiae locis plenissimae Cerevisiae ob frumenti praestantiam et soliditatem, coquuntur, verum quia incole lignorum inopia premuntur, et succidaneis parum ad hanc rem aptis, straminibus videlicet, stipulis vel ramentis, uti coguntur, fiunt fumosae aut fuliginosae, stomacho ingratae, minusque salubres, nutriendo tamen plurimum valent.

De Misniae Cerevisiis.

Misnia cum qualibet regione Cerevisiarum numero, varietate, bonitate et prestantia certare potest, nec cuiquam facile hoc nomine cedit, alie tamen alio anni tempore (id quod de omnibus praedictis et sequentibus in genere intelligi volo) accommodatior est. Nullus etenim potus quantumvis praestans omnibus temporibus omnibus naturis aeque confert. Nec ullus tam vilis est, qui non aliquando sit optimus. Quaeque enim loco et tempore valent.

De Torgensi.

Trahit sua quemque voluptas,

ut poëta scribit. Nescio igitur, utrum magis affectu aliquo, et peculiari quadam proprietate palati mei, an rationibus ad hanc Cerevisiam ferar. Videtur enim mihi inter omnes excellere, non quidem robore, sed bonitate, egregie nutrit, boni succi est,

Über die übrigen thüringischen Biere

An vielen Orten Thüringens wird wegen der Vorzüglichkeit und Festigkeit des Getreides sehr kräftiges Bier gekocht. Doch da die Einwohner unter Holzknappheit leiden und gezwungen sind, unzureichend geeignete Brennstoffe wie Stroh, Stoppeln oder Späne zu verwenden, wird das Bier rauchig oder rußig, was für den Magen unangenehm und weniger gesund ist, aber dennoch sehr nährend wirkt.

Über die Meißner Biere

Meißen kann in Bezug auf die Anzahl, Vielfalt, Qualität und Überlegenheit seiner Biere mit jeder anderen Region konkurrieren und steht kaum einer nach. Allerdings ist das eine oder andere Bier zu einer bestimmten Jahreszeit (dies gilt für alle oben erwähnten und nachfolgenden Biere im Allgemeinen) besser geeignet. Denn kein Getränk, wie gut es auch sein mag, ist zu jeder Zeit und für jede Konstitution gleichermaßen geeignet. Und es gibt kein Getränk, das so gewöhnlich ist, dass es nicht irgendwann das beste sein könnte. Jedes Bier ist an seinem richtigen Ort und zur richtigen Zeit von Nutzen.

Über das Torgauer Bier

> Jeder folgt seiner eigenen Lust,
>
> [Vergil, *Eklogen* 2,65]

wie der Dichter schreibt. Ich weiß nicht, ob ich mich von einer besonderen Vorliebe oder einer speziellen Eigenschaft meines Gaumens oder von objektiven Gründen zu diesem Bier hingezogen fühle. Es scheint mir jedoch, dass dieses Bier unter allen herausragt, nicht durch seine Stärke, sondern durch seine Qualität. Es nährt hervorragend, ist von gutem Saft und

nec solum alit, verum etiam principa lia membra corroborat. Nam odorem et saporem aromaticum habet.

De Belgerensi.

Belgerensis ut loco, ita viribus quoque vicina est Torgensi.

De Freiburgensi.

Haec propter insignes utilitates celeberrima est. Nam ex bona materia fit, et studiose conficitur. Ideo quae bonae Cerevisiae officia sunt, pulchre praestat.

De Vvurzensi.

Haec quoque celebris est, non sine causa. In summa, non facile pronunciare est, cui ex his primatus sit tribuendus, adeo laudatae sunt omnes. Dignitas et utilitas reliquarum Cerevisiarum partim ex praedictis patent, partim a iudicio vulgi, quod in hac materia nullo modo contemnendum est, petantur.

De Vvitebergensi.

Non possum silentio Cerevisiam Vvitebergensem praeterire, qua multis annis sine corporis incommodo familiariter usus sum. Quae si talis est, qualis esse debet, omni culpa atque reprehensione vacat. Quod si cum aliis conferre libet, mediam quodammodo naturam habet inter hordeaceas tenues

kräftigt nicht nur, sondern stärkt auch die wichtigsten Organe. Es hat einen aromatischen Geruch und Geschmack.

Über das Belgerner Bier

Das Belgerner Bier ist dem Torgauer sowohl in Bezug auf den Ort als auch in Bezug auf seine Stärke ähnlich.

Über das Freiberger Bier

Dieses Bier ist aufgrund seiner herausragenden Eigenschaften sehr bekannt. Es wird aus gutem Material hergestellt und sorgfältig hergestellt. Daher erfüllt es hervorragend die Anforderungen an ein gutes Bier.

Über das Wurzener Bier

Auch dieses Bier ist berühmt, und das nicht ohne Grund. Insgesamt ist es schwer zu sagen, welchem von ihnen der Vorrang gebührt, so hoch gelobt werden sie alle. Der Rang und der Nutzen der übrigen Biersorten ergibt sich teils aus den bereits genannten Eigenschaften, teils aus dem Urteil des Volkes, das in dieser Angelegenheit keineswegs zu vernachlässigen ist.

Über das Wittenberger Bier

Ich kann das Wittenberger Bier, das ich viele Jahre ohne körperliche Beschwerden getrunken habe, nicht unerwähnt lassen. Wenn es so ist, wie es sein sollte, ist es völlig frei von Mängeln und Tadel. Wenn man es jedoch mit anderen Bieren vergleichen möchte, nimmt es eine mittlere Stellung zwischen den dünnen und vollmundigen Gerstenbieren ein. Dass es

et plenas. Quod autem nunc degenerat, et tenuior usitato bibitur, hoc cum omnibus fere commune habet.

Epilogus.

Restant praeter dictas multe haud dubie optimae et saluberrimae Cerevisiae, sed mihi adhuc ignotae. Sunt et quaedam satis note et familiares, sed obscurae aliis, de quibus tamen nihil in praesentia brevitatis gratia dicam. Ex enumeratis enim de reliquis iudicium facere, atque quas virtutes habeant, deprehendere, non erit difficile.

derzeit an Qualität verliert und dünner als gewohnt getrunken wird, hat es mit fast allen anderen gemeinsam.

Schlusswort

Es gibt zweifellos noch viele andere hervorragende und gesunde Biere, die mir jedoch noch unbekannt sind. Es gibt auch einige, die mir zwar vertraut und bekannt sind, die jedoch anderswo weniger bekannt sind. Über diese werde ich jedoch im Moment der Kürze halber nichts sagen. Aus den bisher genannten Bieren lässt kann man jedoch leicht ein Urteil über die übrigen Biere fällen und deren Vorzüge erkennen.

De iis quae ex Cerevisiis parantur

Varia genera eduliorum, condimentorum et medicamentorum ex Cerevisia conficiuntur, de quibus pauca, ne Lectori taedium afferamus, persequemur.

Usitatissimus cibus ex Cerevisia est, iusculum simplex aut compositum, additis ovis et aromatis quibusdam, ad quam rem alba nigra accommodatior est.

Puls etiam ex Cerevisia, addito pane in crassiorem farinam redacto, fieri solet.

Cerevisia cum largo butyro aut oleo ex olivis ieiuno stomacho sumpta, mollit et leniter solvit alvum.

Cerevisia cum pulvere zingiberis condita, egregium cruditatis ventriculi medicamen est, quo familiariter utuntur incolae maritimarum civitatum, et ipse quoque idem non sine emolumento valetudinis, sum expertus.

Calami odorati sive aromatici pulvis cum Cerevisia haustus, emendat vitia ventriculi ex aquae potu contracta, iuvat coctionem.

Cerevisia cum pulvere Cymini, tormina et inflationes ventris lenit, dolores colicos ex flatibus sedat.

Alba cutem elegantem et nitidam efficit, si ea lavetur, quod notum est experimentum.

Über die aus Bier hergestellten Produkte

Verschiedene Arten von Speisen, Gewürzen und Arzneien werden aus Bier hergestellt, von denen wir einige, um den Leser nicht zu ermüden, behandeln wollen.

Die häufigste Speise aus Bier ist eine einfache oder zusammengesetzte Brühe, der Eier und einige Gewürze hinzugefügt werden; hierzu eignet sich besonders das weiße Bier.

Auch Brei wird aus Bier hergestellt, indem Brot zu einem dickeren Brei verarbeitet wird.

Bier, das zusammen mit viel Butter oder Olivenöl auf nüchternen Magen eingenommen wird, erweicht und löst den Stuhl sanft.

Bier, das mit Ingwerpulver gewürzt ist, ist ein ausgezeichnetes Mittel gegen Magenübersäuerung, welches von den Bewohnern der Küstenstädte gerne verwendet wird – und ich selbst habe es ebenfalls mit positiven gesundheitlichen Ergebnissen ausprobiert.

Pulver aus aromatischem Kalmus, zusammen mit Bier eingenommen, heilt Magenbeschwerden, die durch das Trinken von Wasser verursacht wurden, und unterstützt die Verdauung.

Bier mit gemahlenem Kümmel beruhigt Bauchschmerzen und Blähungen und lindert Koliken, die durch Winde verursacht werden.

Weißes Bier macht die Haut elegant und glatt, wenn man sich damit wäscht, was als bewährte Methode bekannt ist.

Compertum est in his locis, optime, et brevi temporis intervallo saginari gallinas et capones, si pro aqua cerevisia potui detur, aut aliis escis admisceatur.

Fit etiam a quibusdam Chirurgis emplastrum ex Cerevisia, videlicet, cum ad spissitudinem coquitur, quo in antiquis ulceribus utuntur, verum ego effectus eius nullam experientiam habeo.

Defessis ambulando currendóve Cerevisia mediocriter calida pedibus imposita, remedio est.

Cerevisia secundaria, cum lupulo recenti denvo cocta, et calide in ore contenta, mitigat dolores dentium.

De spuma Cerevisiae concreta, et faecibus, sive sedimento.

Utuntur pistores loco fermenti spuma Cerevisiae densata, sive fecibus. Nam fermentant massam, et quia flatuosae sunt, panem reddunt rariorem.

Usurpantur quoque faeces ad aenea vasa purganda et polienda, si prius in eis aliquamdiu macerentur.

Spuma et siliquae frumenti abstergunt cutis sordes, eamque mundam et levem reddunt.

Ex faecibus Cerevisiae, non secus atque vini, vinum, ut vocant, sublimatum paratur, sed illo minus generosum est. Bibitur in frigidis malis ventriculi, et aliorum membrorum. Cavendus autem eius creber usus, quibus caput infirmum est.

Es ist bekannt, dass in diesen Gegenden Hühner und Kapaune in sehr kurzer Zeit gut gemästet werden, wenn sie Bier anstelle von Wasser trinken oder es unter ihr Futter gemischt wird.

Einige Chirurgen stellen mit Bier ein Pflaster [Wundauflage] her, das durch Einkochen verdickt wird und bei alten Geschwüren verwendet wird; jedoch habe ich selbst keine Erfahrung mit seiner Wirkung gemacht.

Fußbäder mit lauwarmem Bier helfen gegen Erschöpfung durch langes Gehen oder Laufen.

Sekundäres Bier, das mit frischem Hopfen erneut gekocht und warm im Mund gehalten wird, lindert Zahnschmerzen.

Über den festen Schaum des Bieres und die Hefe oder das Sediment

Bäcker verwenden den eingedickten Bierschaum oder die Hefe anstelle von Sauerteig. Dieser lässt den Teig gären, und aufgrund seiner gasbildenden Eigenschaften wird das Brot luftiger.

Die Hefe wird auch zum Reinigen und Polieren von Kupfergefäßen verwendet, wenn man diese darin einweicht.

Bierschaum und Getreidespelzen entfernen Schmutz von der Haut und machen sie sauber und glatt.

Aus Bierhefe wird, ebenso wie aus Weinhefe, destillierter Wein, sogenannter »sublimierter Wein«, hergestellt, der jedoch weniger edel ist. Er wird bei Magenleiden und anderen Beschwerden verwendet. Häufiger Gebrauch sollte jedoch von denen vermieden werden, die ein schwaches Haupt haben.

Ad exteriores partes corporis in unguentis recte adhibetur, potissimum ubi partes refrixerunt. Conficitur et ex Cerevisia, et ex hordeo macerato similiter sublimatum.

Aqua quae inter destillandum separatur, utilis est ad porcos saginandos, similiter et faeces.

De Aceto Cerevisiae.

Cerevisiae degenerant in Acetum, aut aetate, aut calido coeli statu acescunt. In quibusdam maritimis locis coquitur ace tum, quod etsi vini aceto inferius est, tamen qualitatibus et usu respondet.

Ex simplici trifariam usitate componitur. Primum rosaceum, quo ego multum utor. Usus eius est non solum in mensa ad intinctus, sed magnam gratiam bubulis carnibus assandis, si madefactis eo pannis involvantur, conciliat. Nam non molles tantum, sed friabiles quodammodo facit, et sapore grato ferinae modo imbuit.

Secundum ex Pulegio conficitur, quod magis medicamenti vice esse potest, quam ad epulas adhiberi. Praecipuus eius usus est in animae deliquiis, si nari bus spongia linteolóve adhibeatur.

Similiter et Lavendula conditum in capitis adfectionibus plurimum momenti habet.

Äußerlich wird die Hefe in Salben verwendet, insbesondere dort, wo die Gliedmaßen kalt geworden sind. Es wird auch aus Bier und eingeweichter Gerste in ähnlicher Weise destilliert.

Das bei der Destillation abgetrennte Wasser ist nützlich, um Schweine zu mästen, ebenso wie die Hefe.

Über Bieressig

Bier verwandelt sich entweder im Alter oder durch das warme Klima in Essig. In einigen Küstenstädten wird Essig aus Bier gekocht, der zwar dem Weinessig unterlegen ist, jedoch in seinen Eigenschaften und seiner Verwendung vergleichbar ist.

Er wird gewöhnlich in drei Varianten hergestellt: Der erste ist Rosenessig, den ich oft verwende. Sein Gebrauch liegt nicht nur im Eintauchen von Speisen, sondern er verleiht auch Fleischgerichten, insbesondere beim Braten, einen feinen Geschmack, wenn man das Fleisch in mit Essig getränkte Tücher wickelt. Es macht das Fleisch nicht nur zart, sondern auch einigermaßen mürbe und verleiht ihm einen angenehmen Geschmack, ähnlich wie Wildfleisch.

Der zweite wird mit Poleiminze hergestellt, der eher als Arzneimittel als zum Essen verwendet werden kann. Hauptsächlich wird er bei Ohnmachtsanfällen eingesetzt, indem man ihn mit einem Schwamm oder Tuch in die Nase gibt.

Ebenso ist mit Lavendel gewürzter Essig bei Kopfschmerzen sehr wirksam.

De Cerevisiis factitiis, sive conditis.

Non est novum inventum Cerevisias herbis, aut aliis rebus condire, nec gulae causa, sed valetudinis gratia ab hominibus ingeniosis initio excogitatum. Multo namque melius assumuntur, et ventriculum minus offendunt eiusmodi potiones propter Cerevisiae consuetudinem, quam si alio modo medicamenta exhibeantur, et non tantum minori nausea bibuntur, verum etiam ventriculum, ut simplicia pharmaca, non subvertunt. Is accipit eas sine molestia, et retinet fideliter, deinde etiam suo temporea se transmittit. Quare usus eius non damnandus. aut negligendus prorsus est, iis praesertim qui ambigva valetudine sunt, nec aliis pharmacis citra magnam offensionem uti possunt.

Scire autem oportet conditas Cerevisias egregie quidem alterare, sed simplicibus multo minus nutrire, et medicamenta potius quamquam alimenta dicenda esse, id est, vim medicamentosam alendi facultate in ipsis praepollere. Reliquae enim etsi quoque alterant, tamen nutriendo vincunt. Et quemadmodum supra dictum est, tenuiores citius quidem nutrire, sed minus, ita et hic sentiendum, tenuiores celerius vires suas exercere, sed minus crassioribus efficaces.

Neque tamen assidue etiam valetudinariis conditis cerevisiis utendum, sed quando necessitas postulat, ne videlicet natura propter quotidianum usum non amplius inde afficiatur, sed eam more aliorum alimentorum alteret, et in sanguinem convertat.

Über künstliche oder gewürzte Biere

Es ist keine neue Erfindung, Bier mit Kräutern oder anderen Zutaten zu würzen, sondern dies wurde ursprünglich von klugen Menschen zur Gesundheitsförderung entwickelt, nicht aus Gaumenfreude. Denn solche Getränke werden viel besser aufgenommen und reizen den Magen weniger aufgrund der Vertrautheit mit Bier, als wenn die Arzneien auf andere Weise verabreicht werden. Sie werden nicht nur mit weniger Übelkeit getrunken, sondern der Magen wird auch, wie bei einfachen Arzneien, nicht gestört. Der Magen nimmt sie ohne Beschwerden auf und gibt sie zur rechten Zeit weiter. Daher ist der Gebrauch solcher Biere nicht zu verwerfen oder zu vernachlässigen, besonders für jene, die gesundheitlich angeschlagen sind und andere Arzneien nur mit großem Unbehagen vertragen.

Es ist jedoch zu beachten, dass gewürztes Bier zwar ausgezeichnete heilende Eigenschaften hat, aber weniger nährend ist als einfaches Bier und eher als Medikament denn als Nahrungsmittel anzusehen ist; es besitzt also mehr medizinische als nährende Kräfte. Zwar verändern auch einfache Biere den Körper, aber sie haben eine größere nährende Wirkung. Wie bereits erwähnt, nähren leichtere Biere zwar schneller, aber weniger, so gilt es auch hier: Leichtere Biere wirken schneller, sind aber weniger effektiv als schwerere.

Dennoch sollte auch von gesundheitlich zubereitetem Bier nicht ständig Gebrauch gemacht werden, sondern nur dann, wenn es die Notwendigkeit erfordert, damit die Natur nicht aufgrund des täglichen Gebrauchs davon nicht mehr beeinflusst wird, sondern es wie andere Nahrungsmittel verändert und in Blut umwandelt.

Ratio condiendi Cerevisias.

Ex herbis, radicibus, floribus, sive seminibus rite prius exiccatis, et a sordibus repurgatis, rectissime Cerevisie condiuntur. Cum enim virides, sive nondum satis exiccatae sumuntur, facile corrumpitur potus, propter humiditatem simplicium alienam. Triplex autem usitatus conficiendi modus est.

Alii siquidem herbas sive radices in lixivio Cerevisiae, ad tertias vel circiter incoquunt. Deinde reliquae Cerevisiae, ut simul bulliat, decoctum abiectis plantis commiscent. Alii rantum siccas materias una fervere sinunt, postea eximunt. Alii siccas tantum in dolia postquam deferbverunt Cerevisiae ponunt, ita paulatim progressu temporis potus absolvitur. Hoc modo ex absinthio Cerevisiae plerumque parari consueverunt.

Est et alia ratio ex tempore conficiendi potum absinthiten, sive alium cuiuscumque generis, qui non omnibus cognitus est. Sumitur Absinthium siccum (exempli gratia) et contunditur, vel manibus confringitur, mox Cerevisia aliquoties per illud colatur, donec clara iterum fiat, quemadmodum lixivium ex cineribus parari solet. Hoc modo vinum absinthiten quibusdam iter facientibus conficere mos est.

Über die Zubereitung von gewürztem Bier

Die richtige Art, Bier zu würzen, erfolgt durch Kräuter, Wurzeln, Blumen oder Samen, die vorher getrocknet und von Schmutz gereinigt wurden. Denn wenn sie frisch oder noch nicht ausreichend getrocknet verwendet werden, verdirbt das Getränk leicht aufgrund der fremden Feuchtigkeit der einfachen Zutaten. Es gibt drei übliche Zubereitungsmethoden.

Einige kochen die Kräuter oder Wurzeln in der Bierlauge, bis etwa ein Drittel davon verdampft ist. Danach wird das restliche Bier hinzugefügt und alles zusammen aufgekocht, wobei die Pflanzen entfernt werden. Andere lassen die trockenen Zutaten einfach mit dem Bier kochen und entfernen sie dann. Wieder andere legen die getrockneten Zutaten erst nach dem ersten Gärprozess ins Fass, sodass das Getränk nach und nach während des Alterungsprozesses seine endgültige Form annimmt. Auf diese Weise wird Bier häufig mit Wermut gewürzt.

Es gibt auch eine andere Methode, ein Getränk aus Wermut oder einer anderen beliebigen Art zuzubereiten, die nicht allen bekannt ist. Man nimmt getrockneten Wermut (zum Beispiel) und zerreibt ihn oder zerbricht ihn mit den Händen. Dann wird das Bier mehrmals durch den Wermut gefiltert, bis es wieder klar wird, so wie man eine Lauge aus Asche herzustellen pflegt. Auf diese Weise ist es bei manchen Reisenden üblich, Wermutwein zuzubereiten.

Exempla

Ex Absinthio.

Hic potus notissimus et receptissimus est, bibitur aestivo tempore, stomacho etiam ieiuno, medicamenti modo. Cor roborat enim stomachum, adpetitum excitat, bilem per urinam expellit, abster git, iecoris, et lienis obstructionibus me detur, biliosos iuvat, necat vermes amaritudine, putrefactionem prohibet, ducit menses, Pituitosis vero ventriculis non ita multum commodat, paulo largius sumptus, quibusdam caput implet, gravat, ac somnolentum reddit. Utiliter in declinationibus febrium bibitur. Hydropicis etiam salutaris potio est.

Ex Rosis.

Quidam Rosis Cerevisias condiunt, quae aestuanti et dissoluto calore ventriculo magnum auxilium adfert, refrigerat et confortat cor, virium resolutionem ex calore sanat. Confert et toti corpori supercalefacto, sistit modice alvum, si rosae exiccatae acceptae fuerint, si vero recentes, et adhuc virides imponantur Cerevisiae in quibusdam solvit.

Ex Salvia.

Cerevisia salvia condita, caput, stomachum, adeoque omnia nervosa membra corroborat, iuvat pectus, prodest renibus et vesicae, confert et mulieribus, atque omnibus morbis nervorum ex frigiditate ortis, convulsionibus, resolutionibus, tremoribus, et similibus. Ad haec laxas gingivas emendat, dentesque firmat.

Beispiele

Wermutbier

Dieses Getränk ist sehr bekannt und weit verbreitet, es wird im Sommer getrunken, auch auf nüchternen Magen, wie ein Heilmittel. Es stärkt den Magen, regt den Appetit an, fördert den Abgang von Gallenflüssigkeit über den Urin, reinigt und heilt Leber- und Milzverstopfungen, hilft bei Gallenproblemen, tötet Würmer aufgrund seiner Bitterkeit, verhindert Fäulnis, regt die Menstruation an und ist nützlich bei Erkältungen im Magen. Wenn es jedoch in zu großen Mengen getrunken wird, kann es bei manchen Menschen Kopfschmerzen verursachen, Schweregefühl im Kopf und Schläfrigkeit auslösen. Es wird auch bei beginnendem Fieber nützlich eingesetzt. Für Menschen mit Wassersucht ist es ein heilkräftiges Getränk.

Rosenbier

Einige würzen Bier mit Rosen, was dem Magen bei übermäßiger Hitze und Schweißbildung eine große Hilfe bietet. Es kühlt und stärkt das Herz, heilt Erschöpfung durch Hitze und ist wohltuend für den gesamten überhitzten Körper. Wenn getrocknete Rosen verwendet werden, kann es den Stuhlgang leicht hemmen, während frische und noch grüne Rosen in manchen Fällen abführend wirken.

Salbeibier

Mit Salbei gewürztes Bier stärkt den Kopf, den Magen und alle Nerven, hilft bei Brustschmerzen, ist gut für die Nieren und die Blase, nützlich für Frauen und hilfreich bei allen nervösen Beschwerden, die durch Kälte verursacht werden, etwa bei Krämpfen, Lähmungen und Zittern. Darüber hinaus stärkt es das Zahnfleisch und festigt die Zähne.

Ex Hissopo.

Haec Cerevisia ad pectoris vitia praecipue accommoda est, incidit crassa et viscosa, quae in pectore continentur, vocem claram reddit, tussim a crassa materia emendat. Difficulter spirantibus ac senibus apprime utilis. Epilepticis quoque non parum conducit.

Ex Helenio.

Haec Cerevisia duplici ratione conficitur. Aut enim cum lixivio Cerevisiae Helenium decoquitur, aut siccae radices in taleolos concisae funiculo colligatae, in dolia postea inseruntur. Utraque bona, prior dulcior, crassior, grata pulmoni, lenit pectus, altera efficacior, incidit et attenuat crassos humores pectori infarctos, et ad excretiones aptos efficit Conferunt igitur ambae morbis inprimis pectoralibus, pituitosis, asthmati, difficultati spirandi, frigidae tussi, etc. Ad haec urinae meatus obstructione liberant, praesertim posterior.

Ex Betonica.

Ex Betonica quoque a quibusdam Cerevisia paratur. Confert capiti, nervis et pectori, iecur obstructum liberat, confert renibus calculo vexatis, mensesque provocat.

Ysopbier

Dieses Bier ist besonders geeignet für Erkrankungen der Brust, es löst das Dicke und Zähe, was in der Brust zurückgehalten wird, macht die Stimme klar, und lindert den Husten, der durch dicke Substanzen verursacht wird. Es ist sehr nützlich für Menschen mit Atembeschwerden und ältere Menschen. Auch für Epileptiker ist es nicht wenig hilfreich.

Gamanderbier

Gamanderbier wird auf zwei Arten hergestellt. Entweder wird die Gamanderwurzel zusammen mit der Bierlauge gekocht oder die getrockneten Wurzeln werden in Stücke geschnitten und an einer Schnur zusammengebunden, die dann ins Fass gehängt wird. Beide Methoden ergeben ein gutes Bier, wobei das erstere süßer und dicker ist, wohltuend für die Lungen und die Brust beruhigt, während das letztere wirksamer ist und dicke Schleime im Brustkorb auflöst und leichter ausscheidbar macht. Beide Sorten helfen besonders bei Brustkrankheiten, Asthma, Atembeschwerden und kaltem Husten und erleichtern den Harnfluss.

Betonienbier

Einige bereiten Bier aus Betonie zu. Es hilft dem Kopf, den Nerven und der Brust, löst Verstopfungen in der Leber, hilft den Nieren bei Steinleiden und regt die Menstruation an.

Ex Artemisia.

Ex artemisia paratur Cerevisia, in gratiam et utilitatem mulierum, quibus admodum familiaris haec herba est, conducit utero, crassos viscidosque humores incidit, menses movet, confert et calculosis.

Ex Pulegio.

Easdem fere vires et Pulegio condita Cerevisia habet, verum multo efficaciores. Promovet enim menses vehementissime, praeterea pectus crassis humoribus pressum purgat liberatque.

Ex Origano.

Haec Cerevisia iuvat concoctionem, calefacit ventriculum, intestina et reliqua interanea, utilis in frigidis ac humidis affectionibus.

Ex Lingua cervina.

Ex hac herba utilis Cerevisia conficitur, melancholicis, spleneticis. Dari potest etiam non incommode quaternariis.

Ex Rosmarino coronaria.

Ex Rosmarino coronaria conficitur Cerevisia, quae omnes reliquas factitias, colore, sapore, et viribus exuperat, et proxime ad vini naturam accedit. Est colore aureo, sapore et odore aromatico, non tamen medicamentoso. Infusa in vitrum, a fundo subinde bullas emittit exiguas, perinde atque vina quaedam.

Beifußbier

Bier mit Beifuß ist vor allem für Frauen nützlich, da diese Pflanze eng mit dem Uterus verbunden ist. Es löst dicke und zähe Schleime, regt die Menstruation an und hilft auch bei Nieren- und Blasensteinen.

Poleiminzenbier

Bier, das mit Poleiminze gewürzt ist, hat ähnliche Eigenschaften wie Beifußbier, aber es ist viel stärker. Es regt die Menstruation sehr stark an und reinigt und befreit die Brust von zähen Schleimen.

Oreganobier

Dieses Bier unterstützt die Verdauung, erwärmt den Magen, den Darm und die Eingeweide und ist nützlich bei kalten und feuchten Beschwerden.

Hirschzungenbier

Bier aus dieser Pflanze ist nützlich für Melancholiker und Menschen mit einer vergrößerten Milz. Es kann auch bei Menschen mit Wechselfieber ohne Probleme verabreicht werden.

Rosmarinbier

Rosmarinbier ist das herausragendste unter den gewürzten Bieren, sowohl in Farbe als auch in Geschmack und Wirkung, und kommt dem Wein am nächsten. Es hat eine goldene Farbe, einen aromatischen Geschmack und Duft, aber nicht in einem medizinischen Sinne. Wenn es in eine Flasche gegossen

Haec mira arte paratur a cive quodam Brunsuicensi, habitanti in nova civitate, non procul a D(ivi) Andreae templo, homine ingeniosissimo, apud quem omnis generis factitiae Cerevisiae semper in promptu sunt. Confortat mirabiliter partes corporis primarias, cerebrum, et cor, spiritus animales atque vitales recreat, calorem nativum auget, appetitum prostra tum revocat, melancholicis, et cardiacis aptissima est potio: cito penetrat, viscera obstructionibus liberat, mulieribus valde confert, et menses tardantes egregie promovet.

Ex Melissa.

Haec quoque Cerevisia confortandi cordis vires habet, et spiritus vitales recreandi, confert melancholicis, tristes animi cogitationes discutit, mulieribus uteri iuvandi gratia non inutiliter assumitur.

Ex Lavendula.

Non raro Lavendulae floribus Cerevisiae condiuntur, quae plurimum caput, spinalem medullam, nervosque inde ductos confortant. Conducit igitur in omnibus morbis partium nervosarum ex frigiditate, Apoplexia, Paralysi, Epilepsia, convulsione, stupore, Datur cum magna utilitate nutricibus ad arcendum comitialem morbum infantium, aut quando adest, ad curandum.

wird, steigen von Zeit zu Zeit kleine Blasen auf, ähnlich wie bei einigen Weinen. Dieses Bier wird von einem besonders klugen Bürger aus Braunschweig hergestellt, der in der Neustadt nahe der St.-Andreas-Kirche wohnt und bei dem stets verschiedene gewürzte Biere erhältlich sind. Es stärkt die Hauptorgane des Körpers, das Gehirn und das Herz, erfrischt die geistigen und körperlichen Lebensgeister, erhöht die natürliche Wärme, belebt den Appetit, ist besonders nützlich für Melancholiker und Menschen mit Herzleiden. Es dringt schnell ein, befreit die Eingeweide von Verstopfungen und ist für Frauen sehr wohltuend, besonders um die Menstruation anzuregen.

Zitronenmelissenbier

Dieses Bier hat ebenfalls die Fähigkeit, das Herz zu stärken und die Lebensgeister zu erfrischen. Es ist besonders nützlich für Melancholiker, vertreibt düstere Gedanken und wird von Frauen zur Unterstützung der Gebärmutter verwendet.

Lavendelbier

Bier, das mit Lavendelblüten gewürzt ist, stärkt den Kopf, das Rückenmark und die Nerven, die vom Rückenmark ausgehen. Daher ist es nützlich bei allen nervösen Erkrankungen, die durch Kälte verursacht werden, wie Apoplexie, Lähmung, Epilepsie, Krämpfen und Taubheitsgefühlen. Es wird auch den stillenden Frauen zur Vorbeugung gegen Epilepsie bei Kindern oder zur Behandlung der Krankheit gegeben, wenn sie bereits ausgebrochen ist.

Ex Spica.

Quidam pro Lavendula Spica vulgari utuntur. Haec illa efficacior quidem est, sed minus grata. Est enim vehementer medicamentosa, et odore minus fragranti.

Ex Iuniperis.

Grana Iuniperi etiam a quibusdam Cerevisiae imponuntur, quae contra venena valere creditur. Confert vitiis renum et vesicae, menstrua provocat potenter.

Ex foliis Persicorum.

Quidam durationis causa inserunt folia Persicorum Cerevisiis, quae urinam movet, ac lumbricos ventris tollit.

Cerevisia Laurina.

E baccis lauri Cerevisia conficitur, qua multum utuntur in his locis homines. Confortat caput et stomachum. Aperit hepar, urinam cit, calculum renum et vesicae comminvit propellitque. Quidam ingressuri balneum bibunt laurinam Cerevisiam sudoris gratia. Movet sudorem et extra balneum, si bibentes se curiose operiant vestibus. Conducit malis inter cutem et carnem consistentibus. Mulieribus tardantes menses promovet.

Nardenbier

Einige verwenden statt Lavendel den gewöhnliche Narde. Diese ist zwar wirksamer, aber weniger angenehm, da sie stark medizinisch wirkt und weniger duftet.

Wacholderbier

Einige legen Wacholderbeeren in Bier, das als Gegenmittel gegen Gifte gilt. Es hilft bei Nieren- und Blasenproblemen und regt stark die Menstruation an.

Pfirsichblätterbier

Einige fügen Bier Pfirsichblätter hinzu, um die Haltbarkeit zu verlängern. Dieses regt den Harnfluss an und vertreibt Bauchwürmer.

Lorbeerbier

Aus den Beeren des Lorbeerbaums wird Bier hergestellt, das die Menschen in diesen Gegenden häufig verwenden. Es stärkt den Kopf und den Magen, öffnet die Leber, fördert den Urinfluss, zerkleinert und vertreibt Nieren- und Blasensteine. Einige trinken Lorbeerbier, bevor sie das Bad betreten, um das Schwitzen zu fördern. Es regt das Schwitzen auch außerhalb des Bades an, wenn die Trinkenden sich sorgfältig mit Kleidern bedecken. Es hilft bei Beschwerden, die zwischen Haut und Fleisch liegen. Bei Frauen fördert es verspätete Menstruationen.

Ex Azaro.

Hic potus egregie urinam movet, et serosum sanguinis excrementum per vesicam educit, quo nomine plurimum iuvat hydropicos. Confert felle suffusis, et articulorum dolore laborantibus, cotyledones crassis, et viscosis humoribus obstructas recludit.

Ex Centaurea.

Quidam ex floribus vel comis Centaureae conficiunt Cerevisiam, quo fine ignoro. Caeterum usus eius sunt varii et multiplices. Habet vim incidendi crassos et viscosos humores, aperiendi obstructiones viscerum, cum aliqua tamen confortatione, ictericos et lienosos iuvat, similiter articulorum dolore laborantibus confert, solvit alvum, et biliosa deiicit, necat et expellit vermes. Sunt qui loco experimenti hoc potu ad febres depellendas non incommode ieiuno stomacho utuntur: Caeterum mulieribus uterum gerentibus, tanquam pestis nocentissima, vitandus est.

Ex Caryophillata.

Usitatus etiam potus ex radicibus Caryophillate confectus, magis, ut opinor. propter saporis odorisque suavitatem, quam propter insignes utilitates, quas vulgus ignorat. Confortat autem principalia membra omnia sua aromatica qualitate, cordique inprimis amicum est, iuvat coctionem corroborando ventriculum, conducit frigidis capitis adfectionibus, praecipue vertigine laborantibus ex causa frigida.

Nieswurzbier

Dieses Getränk fördert den Harnfluss und entfernt seröse Ablagerungen aus dem Blut, was es besonders hilfreich für Menschen mit Wassersucht macht. Es hilft auch bei Gelbsucht und Gelenkschmerzen und löst zähe und klebrige Schleime in den Nieren.

Tausendgüldenkrautbier

Einige bereiten Bier aus den Blüten oder Spitzen des Tausendgüldenkrauts zu, jedoch ist mir der genaue Zweck dieses Verfahrens unbekannt. Die Anwendungsmöglichkeiten sind jedoch vielfältig. Es besitzt die Fähigkeit, dicke und zähflüssige Säfte zu zersetzen, Verstopfungen der Eingeweide zu öffnen und dabei gleichzeitig etwas Stärkung zu bieten. Es hilft bei Gelbsucht und Milzleiden, ebenso wie bei Gelenkschmerzen, fördert den Stuhlgang und beseitigt gallige Säfte. Außerdem tötet es Würmer ab und vertreibt sie aus dem Körper. Einige verwenden dieses Getränk experimentell auf nüchternen Magen, um Fieber zu vertreiben. Für schwangere Frauen jedoch ist es, wie eine äußerst schädliche Plage, absolut zu meiden.

Nelkenwurzbier

Ein üblicher Trank wird auch aus den Wurzeln des Nelkenwurzes zubereitet, mehr, wie ich glaube, wegen des angenehmen Geschmacks und Geruchs als wegen der bemerkenswerten Vorteile, die dem Volk unbekannt sind. Er stärkt jedoch alle Hauptorgane durch seine aromatische Eigenschaft, ist vor allem dem Herzen zuträglich, fördert die Verdauung, indem er den Magen kräftigt, hilft bei kalten Erkrankungen des Kopfes und ist besonders nützlich für diejenigen, die aufgrund von Kälte unter Schwindel leiden.

Ex Cerasis.

Haec fere ubique locorum Cerevisia conficitur. Est namque colore eleganti, sapore gratissimo, calido ventriculo amica, utiliter aestate bibitur. Quidam contundunt cerasa cum nucleis, et simul Cerevisiae inserunt, quam ego priori praefero, et temperatiorem esse non dubito. Est enim penetrabilior ratione nucleorum, urinae movendae accommodatior.

Ex foliis Quercus.

Hoc potu quidam utuntur in dysenteria, pro singulari experimento. Neque id ratione caret. Astringendi enim facultatem habet, sistit alvum, omnis generis fluxiones supprimit, confert ad sputum sanguinis, promanantes intempestive, aut immodice menses coërcet. Corroborat ventriculum, iuvat retentionem, provocat urinam, et quibusdam dysuria laborantibus praesentem fert opem.

Ex fructu prunellorum sylvestrium.

Non inutilis est haec Cerevisia, et a multis magis ex consuetudine, et aliorum exemplo, quam certi usus causa conficitur. Habet facultatem refrigerandi, vehementer adstringendi, ideo omnia, ut quae ex foliis Quercus sit, sed multo efficacius praestat. Confortat ventriculum, fluxiones alvi, intestinorum, uterique compescit. Reprimit etiam extrinsecus imposita, quae membris influunt, aestivo tempore non est incommoda, potissimum si a prandio haustus sumatur. Assiduum enim eius usum non probo.

Kirschenbier

Dieses Bier wird fast überall hergestellt. Es hat eine elegante Farbe, einen sehr angenehmen Geschmack und ist wohltuend für den Magen, besonders im Sommer. Einige zerdrücken die Kirschen mit den Kernen und geben sie in das Bier, was ich der ersten Methode vorziehe und für milder halte. Denn durch die Kerne wird es durchdringender und fördert besser den Harnfluss.

Eichenblattbier

Manche verwenden dieses Getränk bei Dysenterie als ein besonderes Heilmittel. Dies ist nicht unbegründet, da es eine adstringierende (zusammenziehende) Wirkung besitzt, den Stuhlgang stoppt und alle Arten von Durchflüssen unterbindet. Es hilft bei Bluthusten, kontrolliert unzeitige oder übermäßige Menstruation, stärkt den Magen, fördert die Zurückhaltung der Nahrung, regt den Urinfluss an und bringt manchen, die an Dysurie (erschwertem Urinieren) leiden, sofortige Linderung.

Schlehenbier

Dieses Bier ist nicht nutzlos und wird von vielen eher aus Gewohnheit oder aufgrund des Beispiels anderer zubereitet, als aus einem klaren Nutzen heraus. Es hat kühlende und stark zusammenziehende Eigenschaften und wirkt ähnlich wie Eichenblattbier, aber mit noch größerer Wirksamkeit. Es stärkt den Magen, unterdrückt Durchflüsse des Darms, der Eingeweide und der Gebärmutter. Auch äußerlich aufgetragen unterdrückt es Schwellungen und Entzündungen an den Gliedmaßen. Im Sommer ist es ein angenehmes Getränk, besonders wenn es nach dem Essen eingenommen wird. Einen ständigen Gebrauch davon empfehle ich jedoch nicht.

Ex fructibus rubi Idaei.

Hic potus adstringit, conducit calido, et dissoluto stomacho, non continentibus cibum pulchre opitulatur, fluxiones omnis generis compescit.

Possunt eodem modo, aliis quoque plantis, herbis, seminibus, et fructibus, Cerevisiae ad necessarios usus condiri. Verum ego ne prolixitate molestiam lectori adferrem, usitata tantum elegi, ac vires eorum summatim perstrinxi. Spero meum studium bonis omnibus probatum iri, multisque qui varietate delectantur, ac valetudinis curam agunt aliquid profuturum. Ut autem facilius hoc argumentum intelligatur, et nihil inexplicatum relinquatur, totam tractationem de Cerevisiis in quasdam conclusiones contrahere operae precium visum est, quas nunc subiiciam, mox brevem earundem explicationem, propter ea quae supra omissa, aut non satis dilucide explicata sunt, adiungam.

Himbeerbier

Dieses Bier wirkt adstringierend und ist wohltuend für einen heißen und geschwächten Magen. Es hilft Menschen, die Schwierigkeiten haben, Nahrung zu behalten, und unterdrückt verschiedene Arten von Durchfall.

Es können ebenso wie bei anderen Pflanzen, Kräutern, Samen und Früchten auch aus diesen Zutaten Biere für nützliche Zwecke gewürzt werden. Allerdings habe ich, um den Leser nicht mit zu viel Information zu belasten, nur die gebräuchlichsten gewählt und deren Wirkungen kurz zusammengefasst. Ich hoffe, dass meine Bemühungen von allen, die an Vielfalt interessiert sind und sich um ihre Gesundheit kümmern, wohlwollend aufgenommen werden und dass sie für viele nützlich sein werden. Um dieses Thema leichter verständlich zu machen und nichts ungeklärt zu lassen, schien es mir angemessen, die gesamte Abhandlung über Bier in einige Schlussfolgerungen zu fassen, die ich nun vortragen werde. Danach werde ich zur Klärung jener Punkte, die zuvor nicht ausreichend erläutert wurden oder übersehen wurden, eine kurze Erklärung hinzufügen.

Conclusiones de natura et facultatibus Cerevisiarum.

I. Cerevisia est potus ex aqua, frumento praeparato, et lupulis coctus.

II. Cuius varia genera sunt, inter quae hordeaceae, et triticeae Cerevisiae merito primas obtinent.

III. Harum temperamentum calidum esse, contra multorum opinionem, asserimus.

IIII. Etu autem hordeum sua natura frigidum est, tamen putrefactione et tostione aliquid caloris acquirit.

V. Triticum cum per se calidum sit, tostione calidius redditur.

VI. Lupulum calidum esse, tum odor, tum sapores argvunt.

VII. Aquam frigidam et humidam esse constat.

VIII. Cum igitur potissimae materiae Cerevisiarum calidae sint, sequitur et illas calefaciendi facultatem habere.

IX. Idem effectus quoque manifeste ostendunt. Nam potae sensibiliter calefaciunt corpora, et caput petunt, largiusque haustae ebrietatem inducunt.

X. Haec non nisi a calida causa proficiscuntur.

XI. Secundaria Cerevisia, aut aqua hordeacea simplex non calefaciunt.

Schlussfolgerungen über die Natur und Eigenschaften der Biere

I. Bier ist ein Getränk, das aus Wasser, zubereitetem Getreide und Hopfen gekocht wird.

II. Es gibt verschiedene Arten von Bier, von denen Gersten- und Weizenbiere zu Recht den ersten Platz einnehmen.

III. Wir behaupten, dass ihr Wesen warm ist, entgegen der Meinung vieler.

IV. Obwohl Gerste von Natur aus kalt ist, gewinnt sie durch Fermentation und Röstung etwas Wärme hinzu.

V. Während Weizen von Natur aus warm ist, wird er durch Röstung noch wärmer.

VI. Dass Hopfen warm ist, beweisen sowohl sein Geruch als auch sein Geschmack.

VII. Es ist allgemein bekannt, dass Wasser kalt und feucht ist.

VIII. Da also die Hauptbestandteile des Bieres warm sind, folgt daraus, dass auch Bier die Fähigkeit hat, zu wärmen.

IX. Diese Wirkungen zeigen sich ebenfalls deutlich. Denn nach dem Trinken erwärmen sie spürbar die Körper, steigen zum Kopf, und wenn sie in größeren Mengen getrunken werden, verursachen sie Trunkenheit.

X. Diese Effekte entstehen nur durch eine warme Ursache.

XI. Sekundäres Bier oder einfaches Gerstenwasser wärmt nicht.

XII. Haec enim ex aqua et hordeo crudo coquitur, quorum utrumque frigidum est. Illa etiamsi aliquid a materiis Cerevisiae participat, id tamen exiguum est, ideoque secundaria Cerevisia ab aqua non multum distat.

XIII. Differunt veterum Zythus, Curmi, et Phucas Simeonis a nostris Cerevisiis, ratione materiae, et praeparationis.
W

XIIII. Nam nec lupulum addiderunt, nec frumentum eodem, quo nostri, pacto praeparare consueverunt.

XV. Itaque ut illae ab autoribus improbantur, sic nos has valde salubres esse censemus, quod color ac robur utentium demonstrant.

XVI. Non enim solum medicamentorum ritu alterant corpora Cerevisiae, sed etiam nutriunt (aliae tamen aliis magis, pro frumenti et consistentiae ipsarum diversitate) gignunt bonos humores, nec renes, nec nervos, nec cerebri membranas laedunt, nec inflationes faciunt, nec Elephantiasin, nisi ex accidenti, creant.

XVII. Triticeae igitur uberius nutrimentum hordeaceis Cerevisiis praestant, quod triticum hordeo in nutriendo sit valentius.

XVIII. Crassiores vero; quia plus frumenti habent, uberius alimentum corporibus praebent, quemadmodum Dantiscana, Hamburgensis. Tenviores contra ob materiae paucitatem, minus alunt. ut Brunsuicensis, Embecensis, et ex albis quaedam Polonicae atque Lituanicae.

XIX. Fiant autem non solum copia materiae, sed etiam coctione crassiores Cerevisiae.

XII. Denn es wird aus Wasser und roher Gerste gekocht, und beide sind kalt. Selbst wenn es etwas von den Eigenschaften des eigentlichen Bieres übernimmt, ist es dennoch schwach, und daher unterscheidet sich sekundäres Bier kaum von Wasser.

XIII. Die Zythos-, Curmi- und Phucas-Getränke des Symeon unterscheiden sich von unseren Bieren durch ihre Zutaten und Zubereitung.

XIV. Sie verwendeten weder Hopfen noch bereiteten sie das Getreide so vor, wie wir es tun.

XV. Daher, wie jene (Getränke) von den Autoren missbilligt werden, so halten wir diese für äußerst gesund, da die Farbe und Stärke der Konsumenten dies beweisen.

XVI. Bier verändert den Körper nicht nur wie ein Medikament, sondern nährt ihn auch (einige Biere mehr, andere weniger, abhängig von der Getreidemenge und der Konsistenz). Sie erzeugen gesunde Körpersäfte, schädigen weder die Nieren noch die Nerven noch die Gehirnmembranen, erzeugen keine Blähungen und verursachen keine Elephantiasis (Aussatz), es sei denn, es tritt ein zufälliger Effekt ein.

XVII. Weizenbiere bieten mehr Nahrung als Gerstenbiere, da Weizen nahrhafter ist als Gerste.

XVIII. Dickere Biere, die mehr Getreide enthalten, bieten reichlich Nahrung für den Körper, wie das Danziger und Hamburger Bier. Dünnere Biere hingegen, aufgrund der geringen Menge an Zutaten, bieten weniger Nahrung, wie das Braunschweiger und das Einbecker Bier sowie einige weiße polnische und litauische Biere.

XIX. Biere werden nicht nur durch die Menge der Zutaten, sondern auch durch das Kochen dicker.

XX. Variant et tempore. Recentes admodum satis quidem alunt, si probe concoquuntur, sed aegre penetrant, facile alvum turbant, inflationes movent, obstructiones pariunt, vetustae acidaeque parum alimenti habent, partes nervosas offendunt, non obsunt tamen illis qui crassis succis abundant.

XXI. Sicut nimis recentes, quia non exacte defaecatae et turbidae sunt, iure improbantur, ita et quae in fundo sunt, eandem ob causam vituperandae.

XXII. Eodem modo et reliquae turbidae, sive feculentae omnes, cuiuscumque aetatis sint, inutiles iudicari debent.

XXIII. Quaecumque saporem aut odorem aliquem peregrinum referunt, ut adustae, fuliginosae, situm dantes, aut resipientes, item crudae, vitio non carent.

XXIIII. Medias in omni genere reliquis praeferendas, et humanis corporibus accommodatissimas esse censemus.

XX. Sie variieren auch je nach Alter. Frisch gekochte Biere ernähren ausreichend, wenn sie gut verdaut werden, aber sie dringen schwer ein, verursachen leicht Blähungen und Verstopfungen. Alte und saure Biere enthalten wenig Nahrung, schädigen die Nerven und sind dennoch nicht schädlich für Menschen mit dicken Körpersäften.

XXI. Ebenso wie sehr frische, noch nicht vollständig geklärte und trübe Biere zu Recht als minderwertig angesehen werden, sind auch die am Boden des Fasses liegenden Biere aus demselben Grund abzulehnen.

XXII. Auf die gleiche Weise sollten alle trüben oder schlammigen Biere, egal welchen Alters, als nutzlos angesehen werden.

XXIII. Alle Biere, die einen fremden Geschmack oder Geruch aufweisen – sei es verbrannt, rußig oder modernd – oder roh schmecken, sind fehlerhaft.

XXIV. Mittlere Biere, die in keinem Extrem liegen, sind die besten und am besten für den menschlichen Körper geeignet.

Explicatio brevis.

I.

Haec propositio est definitio causalis.

Cerevisia. Quia a Cerere derivatur, potius quam Cervisia scribendum, ut opi nor, licet hoc posterius crebrius apud autores reperiatur. Verum parum refert, hoc ne an illo modo scribatur dicaturve.

Potus. Est genus in definitione.

Coctus. Differentia. Alii enim potus sunt naturales, alii artificiales. Horum alius coquitur, ut Cerevisia, hydromel, alius non coquitur, ut vinum. Comprehenditur autem hac voce coctus, causa efficiens et instrumentalis. Coctio siqui dem non fit nisi ab igne, sive per ignem, qui ab aliqua persona paratur, et administratur, quae causae efficientis rationem obtinet.

Ex aqua. Haec est subiectum Cerevisiae.

Et frumento. Non enim ex hordeo tantum, sed etiam ex aliis frumentis Cerevisiae coquuntur, ideo genus, quam speciem ponere malvi.

Praeparato. Ad differentiam crudi, ex quo aqua hordei, et veterum Cerevisia conficitur.

Lupulis. Ita plerumque Medici in numero plurali efferunt, ut Syrupus de Lupulis.

Kurze Erklärung

I.

Diese These ist eine kausale Definition.

Bier – Da es sich von »Ceres« ableitet, sollte es meiner Meinung nach besser »Cerevisia« genannt werden, obwohl der Begriff »Cervisia« bei den Autoren häufiger vorkommt. Aber es ist von geringer Bedeutung, ob es so oder so geschrieben und gesagt wird.

Getränk – Dies ist die Gattung in der Definition.

Gekocht – Dies ist die Differenzierung. Einige Getränke sind natürlich, andere künstlich. Von diesen wird eines gekocht, wie Bier oder Met, das andere nicht, wie Wein. Mit diesem Begriff »gekocht« wird die Ursache und das Mittel erfasst. Denn Kochen erfolgt nur durch Feuer, das von einer Person vorbereitet und gehandhabt wird, die die Rolle der verursachenden Ursache übernimmt.

Aus Wasser – Dies ist das Grundmaterial des Bieres.

Und Getreide – Denn Bier wird nicht nur aus Gerste, sondern auch aus anderem Getreide gekocht. Daher habe ich es vorgezogen, das allgemeine Wort »Getreide« anstelle der spezifischen Art zu verwenden.

Zubereitet – Im Unterschied zu rohem Getreide, aus dem Gerstenwasser und das Bier der Alten hergestellt wird.

Mit Hopfen – Die meisten Ärzte nennen es »Hopfen« im Plural, ähnlich wie »Sirup aus Hopfen«.

II.

Divisio generis in species.

Varia genera. Ut supra ostensum est: Nam ex omnium frumentorum et leguminum generibus possunt confici. Sunt tamen hae dvae usitatissimae, et propter materie excellentiam praestantissimae, multisque modis reliquis omnibus anteponendae.

III.

Haec propositio caput est disputationis, et summam negocii complectitur. Reliqua enim facile ac sine multa contentione transfigi possunt. De qualitate potissimum controversia est.

Contra multorum opinionem. Omnes enim fere, non solum idiotae, sed etiam Medicinae periti, uno ore tradunt, Cerevisias frigefaciendi vim habere.

IIII.

Sequuntur causae, sive rationes, sumptae a priori, sive a materia Cerevisiarum. Occurritur autem tacitae obiectioni. Quomodo ex frigida materia fieri potest calidus potus?

Sua natura. Per se, crudum, non praeparatum.

Tamen. Responsio.

Putrefactione. Ex putrefactione enim calefiunt, cum reliqua corpora omnia, tum maxime semina, etc. Gal. Item humor

II.

Einteilung der Gattung in Arten.

Verschiedene Arten – Wie oben gezeigt wurde: Denn Biere können aus allen Arten von Getreide und Hülsenfrüchten hergestellt werden. Diese beiden (Gerste und Weizen) sind jedoch die am häufigsten verwendeten und wegen der hervorragenden Qualität des Materials die besten, weshalb sie in vielerlei Hinsicht allen anderen vorgezogen werden.

III.

Diese These ist der Kern der Diskussion und umfasst den Hauptinhalt der Angelegenheit. Denn das Übrige kann leicht und ohne viel Streit überwunden werden. Die Kontroverse dreht sich hauptsächlich um die Qualität.

Entgegen der Meinung vieler – Nicht nur Laien, sondern auch viele Mediziner behaupten nämlich fast einstimmig, dass Bier eine kühlende Wirkung habe.

IV.

Es folgen die Ursachen oder Gründe, die a priori oder aus den Bestandteilen des Bieres abgeleitet werden. Eine stille Einwendung wird angesprochen: Wie kann ein Getränk aus kalten Zutaten heiß sein?

Von Natur aus – Im Rohzustand, unvorbereitet.

Dennoch – Antwort.

Durch Gärung – Gärung erwärmt nämlich nicht nur alle anderen Substanzen, sondern besonders Samen – (so) Galen. Eben-

melancholicus, terrestris, frigidus. et siccus putrescendo incalescit. Et putredo sive materia putrida calidorum morborum, ut Medici testantur, causa est. Hoc loco obiicitur res putridas frigidas esse, quod verum esse minime inficias imus, si plane computruerunt, sed non quae putrescere incipiunt, aut levem putredinem sentiunt, sicut frumentum praeparatum, multo minus quae adhuc putredinem habent. Differre autem exiccationem quae ab aëre sicco et ab igne sit, omnino mihi persuadeo. Hic siquidem praeter siccitatem empyreuma quoddam a calore ignis accedere non dubium est, idque rationes supra posite aliquo modo ostendunt.

Tostione. Quae est principium adustionis.

Aliquid caloris. Nam non vehementem, sed levem torrendo calorem concipit.

V.

Triticum esse calidum constat.

Calidius redditur. Hic obiicitur. Si hordeum alienam aëquirit temperaturam tostione, Ergo et triticum: et sic redditur frigidus, sicut illud calidius evadit.

Respon. Triticum propriam non abiicit, verum praeter illam etiam aliquid alienae caliditatis assumit.

VI.

De lupuli natura, quem quidam lupum aut lupum salictarium Plinii esse autumant, fortasse sic dictus, quia salicibus iuxta sepes annascitur, nihil relatu dignum apud probatos auto-

so erzeugen melancholische, irdische und kalte Säfte durch Fäulnis Wärme erzeugen. Gärung oder Fäulnis ist die Ursache vieler heißer Krankheiten, wie Ärzte bezeugen. Hier könnte eingewendet werden, dass faule Substanzen kalt sind. Wir bestreiten dies nicht, wenn sie vollständig verfault sind. Aber solange sie nur beginnen zu faulen oder leicht faulig sind, wie das vorbereitete Getreide, ist das nicht der Fall. Außerdem bin ich davon überzeugt, dass das Trocknen durch Luft anders ist als das Trocknen durch Feuer. Feuer hinterlässt nämlich, zusätzlich zur Trocknung, auch eine leichte Verkohlung, die durch die Hitze des Feuers entsteht, wie bereits oben erklärt wurde.

Durch Röstung – Dies ist der Beginn des Verkohlungsprozesses.

Etwas Hitze – Denn es erhält nicht viel, aber durch leichtes Rösten nimmt es etwas Wärme auf.

V.

Dass Weizen warm ist, steht fest.

Es wird noch wärmer – Hier könnte eingewendet werden: Wenn Gerste durch Rösten eine fremde »Temperatur« annimmt, warum dann nicht auch Weizen? Und so wird er kälter, während die Gerste wärmer wird.

Antwort – Weizen verliert nicht seine eigene Wärme, sondern nimmt zusätzlich fremde Hitze an.

VI.

Über die Natur des Hopfens, den einige für den *lupus* oder *lupus salictarius* (»Weiden-Hopfen«) des Plinius [*Naturkunde* 21,50.86] halten, vielleicht so genannt, weil er neben Weiden

res invenio, Mesue frigidum esse memoriae prodidit, quae sententia quam absurda et a veritate aliena sit, examinanti sapores et odorem meridiana luce clarius est. Quidam ex recentioribus, Io. Vigo calidum et siccum esse scribit in primo gradu, sed declinare ad frigiditatem, hoc est, leviter admodum calefacere.

Quoniam vero de temperatura inter autores non convenit, ex qualitatibus potius iudicium facere, quam sine rationibus alterutram sententiam adprobare aequum est. Nos ut minimum, secundum ei gradum in caliditate et siccitate tribuendum censemus, quod ex secundis ipsius qualitatibus colligi et probari haud magno negocio potest. Omnia siquidem vehementer odorata calida sunt, quippe cum vaporum et exhalationum copia non nisi a calore proveniat. Esse autem flores lupuli odoratos, experiuntur illi, qui eos autumno decerpunt, aut qui plantam cum floribus pro lecto sibi substernunt. Implent enim caput, faciunt carybariam.

Verum multo firmiores a saporibus rationes sumuntur. Principio constat, omnia amara esse calida et sicca. Amaritudo lupuli vel ex folii unius mansione sensibiliter deprehenditur, multo autem magis dum coquitur, diffusa amara qualitate in liquorem, id sentitur. Praeter hanc qualitatem et acrimoniam non parvam habet. Mansa enim et dentibus trita, salivam propemodum instar pyrethri elicit atque extrahit. Hae rationes liquido demonstrant, lupuli flores calidis et siccis secundi gradus rebus annumerandos esse.

Quod autem flores lupuli in aqua decocti, nonnunquam membris inflammatione adfectis emplastri modo impositi opem ferunt, hinc non necessario sequitur, eos frigefaciendi vim habere. Differt enim longe quod per accidens fit ab eo, quod primarie,

an Hecken wächst, finde ich bei anerkannten Autoren nichts Berichtenswertes. [Johannes] Mesuë hat überliefert, dass er kalt sei, eine Ansicht, die so absurd und von der Wahrheit entfernt ist, dass es für jemanden, der Geschmack und Geruch prüft, klarer als das Tageslicht ist. Einige der Neueren, wie Johannes Vigo, schreiben, dass er im ersten Grad warm und trocken sei, jedoch zur Kälte neige, das heißt, nur sehr leicht erwärme.

Da die Autoren in dieser Frage nicht einig sind, ist es besser, aus den Eigenschaften des Hopfens zu urteilen, als eine Meinung ohne Grund zu akzeptieren. Wir glauben, dass ihm mindestens der zweite Grad an Wärme und Trockenheit zugewiesen werden sollte, was sich leicht aus seinen sekundären Eigenschaften ableiten lässt. Denn alle stark duftenden Substanzen sind warm, da der Dampf und die Ausdünstungen nur von Wärme erzeugt werden. Dass die Hopfenblüten wohlriechend sind, ist offensichtlich, wie diejenigen bestätigen können, die im Herbst die Blüten pflücken oder sie als Polsterfüllung verwenden. Diese verursachen nämlich Schläfrigkeit.

Noch stärkere Argumente ergeben sich aus dem Geschmack. Es ist allgemein bekannt, dass alle bitteren Substanzen warm und trocken sind. Die Bitterkeit des Hopfens kann leicht durch das Kauen eines Blattes erkannt werden und wird noch deutlicher, wenn er gekocht wird, da die bittere Qualität dann in die Flüssigkeit übergeht. Neben dieser Bitterkeit hat Hopfen auch eine gewisse Schärfe. Wenn er gekaut wird, regt er fast wie Bertram den Speichelfluss an. Diese Gründe beweisen eindeutig, dass die Blüten des Hopfens als warme und trockene Substanzen des zweiten Grades eingestuft werden müssen.

Dass die in Wasser gekochten Hopfenblüten manchmal bei entzündeten Gliedmaßen als Pflaster verwendet werden, bedeutet nicht, dass sie eine kühlende Wirkung haben. Was zufällig geschieht, ist nicht das Gleiche wie das, was aus eigenem Antrieb passiert. Sie werden auch bei Bauchkrämpfen durch

et per se contingit. Imponitur eodem modo ventri in torminibus ex flatibus, quoniam vim calefaciendi et digerendi habent, non quod refrigerent aut constringant. Idem iudicandum est de febribus biliosis, et morbo regio. Nam cum bilem expurgat, non mirum est biliosam febrem curare. Regio vero morbo laborantibus ideo confert, quia aperiendi naturam habet.

VII.

Aliter Physici, aliter Medici de aqua loquuntur. Illi enim nihil aqua frigidius esse docent, idque verum est, si de puris elementis agitur. Sicut enim ignis summam caliditatem, ita aqua extremam frigiditatem possidet, talis aqua ut bibatur nequaquam idonea est, sed ingesta non minus quam ignis ipse corrumpit corpora. Medici igitur de aqua potabili sunt intelligendi, quae ita a conditore omnium rerum in usum hominum, reliquorumque animantium temperata est, ut commode potari possit. Nec est hac vetustior potus. Nam ante Noë tempora, quid aliud quam aquam bibisse homines, qui diuturnitate vitae, et corporum robore nos longe antecelluerunt, verisimile est? Nonne etiam nunc in vicinis regionibus homines, qui nunquam in vita potum praeter aquam degustarunt, inveniri existimas? Quinimo videmus saepenumero quibusdam aurigis aquam cum suis equis communem potum esse. Est igitur mediocriter frigida, non per exuberantiam Quare est alteratu facilis, et paulo momento alias atque alias naturas maceratione, coctione, aut simpliciter admixtione admittit.

Blähungen verwendet, weil sie wärmen und verdauen, nicht weil sie kühlen oder zusammenziehen. Dasselbe gilt für Gallenfieber und die Gicht. Denn da der Hopfen die Galle ausscheidet, ist es nicht überraschend, dass er Gallenfieber heilt. Denjenigen, die an der Gicht leiden, hilft er, weil er die Eigenschaft hat, zu öffnen.

VII.

Naturkundler und Ärzte sprechen unterschiedlich über Wasser. Erstere lehren, dass nichts kälter sei als Wasser, und das ist wahr, wenn es sich um reine Elemente handelt. Denn wie das Feuer die höchste Hitze besitzt, so besitzt das Wasser die äußerste Kälte. Solches Wasser ist jedoch keineswegs geeignet, um getrunken zu werden, da es, einmal aufgenommen, den Körper nicht weniger schädigt als das Feuer selbst. Die Ärzte hingegen sind so zu verstehen, dass sie von trinkbarem Wasser sprechen, das vom Schöpfer aller Dinge so für den Gebrauch der Menschen und der anderen Lebewesen »temperiert« wurde, dass es bequem getrunken werden kann. Es gibt kein älteres Getränk als dieses. Denn was anderes als Wasser sollten die Menschen vor den Zeiten Noahs getrunken haben, die uns in der Lebensdauer und der Stärke ihrer Körper weit übertroffen haben, wie es wahrscheinlich ist? Glaubst du nicht, dass es auch heute in den benachbarten Regionen Menschen gibt, die in ihrem Leben nie ein anderes Getränk als Wasser gekostet haben? Ja, wir sehen oft, dass für manche Kutscher Wasser das gemeinsame Getränk mit ihren Pferden ist. Es ist also mäßig kühl, nicht in übermäßiger Weise. Deshalb ist es leicht veränderlich und nimmt durch Einweichen, Kochen oder einfaches Vermischen schnell andere Eigenschaften an.

VIII.

Conclusio probationis prioris.

Potissimae. Non quantitate, sed qualitate et numero. Plus enim aquae, quam reliquae materiae accipitur.

Calefaciendi vim habere. Compositum enim sequitur naturam simplicium praecipuorum.

IX.

Altera probatio a posteriori, sive ab effectibus sumpta, quae etiam sine ullis rationibus valet. Sed hoc thema supra abunde declaratum est.

X.

Frigida enim non subvehuntur in caput. Igitur non inebriant. Calida autem utrumque faciunt.

XI.

Supra dixi, secundariam Cerevisiam esse colamentum reliquiarum primae decoctionis, et fit ut lora vini, colata videlicet aqua per vinacea. Aqua hordeacea est illa usitata ex aqua et hordeo decoctio, qua vulgo in febribus multum utuntur. Simplex autem dicitur ratione aliarum, in quibus semina quaedam, vel radices, vel herbae, aut fructus una cum hordeo coquuntur.

VIII.

Schlussfolgerung aus der ersten Beweisführung.

Hauptbestandteile – Nicht in Bezug auf die Menge, sondern auf die Qualität und Anzahl. Denn es wird mehr Wasser verwendet als die anderen Zutaten.

Wärmende Kraft – Das Zusammengesetzte folgt der Natur seiner Hauptbestandteile.

IX.

Eine zweite Beweisführung, die aus den Wirkungen abgeleitet wird, die auch ohne weitere Argumente Gültigkeit haben. Dieses Thema wurde oben bereits ausreichend behandelt.

X.

Kalte Substanzen steigen nicht in den Kopf auf. Daher machen sie nicht betrunken. Nur warme Substanzen bewirken beides.

XI.

Wie ich oben sagte, ist sekundäres Bier das Filtrat der Überreste der ersten Kochung, ähnlich wie die Lora des Weins, bei der Wasser durch die Traubenkerne gegossen wird. Gerstenwasser ist eine übliche Abkochung aus Wasser und Gerste, die häufig bei Fieber verwendet wird. Es wird »einfach« genannt im Vergleich zu anderen Getränken, bei denen Samen, Wurzeln, Kräuter oder Früchte zusammen mit der Gerste gekocht werden.

XII.

Ex hoc sequitur causam caloris Cerevisiarum, aut in praeparatione frumentorum, aut in lupulo solo, aut in utroque consistere.

XIII.

Rationes praecedentis thematis.

Non multum distat. Nam calore paululum excedit aquae frigiditatem, et si quid nutrimenti habet, admodum exiguum est.

XIIII.

Ne quis ex veterum descriptionibus de nostra Cerevisia iudicium faciat, tenere oportet discrimen inter utramque. quod supra indicavimus.

Ex praeparatione. Et per consequentiam, temperatura.

XV.

Ratio praecedentis.

Nec frumentum. Nam tantum aqua macerabant hordeum, quemadmodum nos potum ex malis sylvestribus contusis. affusa aqua conficimus.

XII.

Daraus folgt, dass die wärmende Kraft des Bieres entweder in der Zubereitung des Getreides, im Hopfen oder in beiden liegt.

XIII.

Es folgen die Gründe für die vorangegangene These.

Nicht viel Unterschied – Der Hitzegehalt übersteigt nämlich den der Kälte des Wassers nur geringfügig. Und auch wenn es etwas Nahrung enthält, ist dies sehr gering.

XIV.

Damit niemand aufgrund der Beschreibungen der Alten ein Urteil über unser Bier fällt, muss man das Unterscheidungsmerkmal zwischen beiden beachten, wie wir oben erklärt haben.

Durch die Zubereitung – Und folglich auch durch die »Temperatur«.

XV.

Begründung des Vorangegangenen.

Und auch nicht das Getreide – Sie weichten nämlich lediglich die Gerste in Wasser ein, so wie wir Getränke aus zerdrückten wilden Früchten durch Zugabe von Wasser zubereiten.

XVI.

Quod color. Probatio a signis. Videmus bibentes Cerevisiam coloratos reddi. Color autem bonus a bono sanguine, sanguis bonus ex probo nutrimento, et virtute coctrice integra oritur. Idem robur quoque corporis testatur. Nutriumores producit, et robur corporis auget. Vitiosum autem alimentum cacochymiae parens est. Sed si obiiciatur, Cerevisiam solum partialem utriusque causam esse. Re spondeo, me id non negare, sed si mali humores inde gignerentur, neque coloratos, neque robustos homines efficerent.

XVII.

Hic opus est explicare discrimen inter medicamentum et alimentum. Medicamentum dicitur materia, quae corpus alterare potest, ut lupulus, et pleraque ex Pharmacopoliis sumpta. Alimentum contra est, quod a corpore alteratur, et in aliti substantiam convertitur. Inter haec mediam naturam obtinent, quae utrumque simul, sive aequaliter sive inae qua liter praestant. Eiusmodi materiae alimenta medicamentosa vocantur, quod pariter nutriant et alterent.

Nec elephantiasin. Haec dicuntur collatione ad Veterum Cerevisias, a quibus huius notae malae existunt. Elephantiasis vero idem est, quod vulgo et in sacra scriptura lepra nominatur.

Nisi ex accidente. Nisi Cerevisiae vitiosae fuerint, aut immoderate vel intempestive hauriantur. Nam res etiam optimae as sa-

XVI.

Was die Farbe betrifft – Beweis durch Zeichen. Wir sehen, dass diejenigen, die Bier trinken, farbiger werden. Eine gute Farbe entsteht jedoch durch gutes Blut, und gutes Blut entsteht aus guter Nahrung und einer intakten Verdauungskraft. Dasselbe bezeugt auch die Stärke des Körpers. Bier fördert die Nährstoffe und stärkt den Körper. Schlechtes Nahrungsmittel hingegen ist die Ursache von schlechter Verdauung (*cacochymia*). Aber falls eingewendet wird, dass Bier nur teilweise die Ursache für beides ist, antworte ich, dass ich das nicht bestreite. Doch wenn schädliche Säfte daraus entstünden, hätten die Menschen weder eine gesunde Farbe noch starke Körper.

XVII.

Hier muss das Unterscheidungsmerkmal zwischen Medikament und Nahrungsmittel erklärt werden. Ein Medikament ist eine Substanz, die den Körper verändern kann, wie der Hopfen und viele andere in der Pharmazie verwendete Substanzen. Ein Nahrungsmittel hingegen wird vom Körper verändert und in dessen Substanz umgewandelt. Zwischen diesen beiden stehen Substanzen, die beides zugleich tun, entweder gleichermaßen oder in unterschiedlichem Maß. Solche Substanzen nennt man nahrhafte Medikamente, weil sie sowohl nähren als auch verändern.

Auch keine Elephantiasis (Aussatz) – Dies wird im Vergleich zu den Bieren der Alten gesagt, von denen solche Krankheiten bekannt sind. Elephantiasis ist dasselbe wie das, was gemeinhin Lepra genannt wird.

Es sei denn durch einen Zufall – Es sei denn, das Bier ist von schlechter Qualität oder wird im Übermaß oder zu unpassenden Zeiten getrunken. Denn selbst die besten und gesün-

luberrimae abusu degenerant, et alievos a sua natura effectus producunt.

XVIII.

Compositum sequitur simplicium naturam, ut dixi.

XIX.

Siquidem nutriendi vis a frumento pendet.

XX.

Causae crassitudinis ex superioribus patent. Quod autem coquendo crassiorem consistentiam acquirat, praeter alia argumento est Emplastrum de Cerevisia, cum tam diu coquitur, dum emplastri modo lineo panno induci potest. Est et tertia causa consistentiae aetas, at dvae posteriores cum prima coincidunt. Nam cum aqua minvitur, crassitudo augetur, sive id coctione, sive aetate fiat.

XXI.

Inflationes. Propter faeces, quae flatuosae sunt.

Qui crassis succis abundant. Habent enim vim aliquam incidendi et attenuandi humores crassos et pituitosos.

desten Dinge werden durch Missbrauch verdorben und können Wirkungen hervorrufen, die ihrer Natur entgegenstehen.

XVIII.

Das Zusammengesetzte folgt der Natur der einfachen Bestandteile, wie bereits gesagt.

XIX.

Denn die nährende Kraft hängt vom Getreide ab.

XX.

Die Ursachen für die Dickflüssigkeit sind aus dem Vorangegangenen ersichtlich. Dass das Bier durch das Kochen dickflüssiger wird, wird durch den Beweis des Pflasters aus Bier gezeigt, das so lange gekocht wird, bis es wie ein Pflaster auf ein Leinentuch aufgetragen werden kann. Eine dritte Ursache für die Dickflüssigkeit ist das Alter, doch die beiden letzteren Ursachen fallen mit der ersten zusammen. Denn wenn das Wasser abnimmt, nimmt die Dickflüssigkeit zu, ob durch Kochen oder durch Alterung.

XXI.

Blähungen – Aufgrund der Hefen, die Blähungen verursachen.

Diejenigen, die an dicken Säften Überfluss haben – Sie haben nämlich die Kraft, dicke und schleimige Säfte zu zersetzen und zu verdünnen.

XXII.

Inter vitiosas Cerevisias etiam faeculentae ratione fundi reputantur. Faeces enim, quocumque modo admisceantur, Cerevisiam vitiant.

XXIII.

Quaedam aetate sunt turbidae, ut recentes, quaedam ex aliqua occasione externa, videlicet agitatione vasis, aut cum una vice simul omnis ex vase extrahitur. Ita enim commoveri ac turbari Cerevisiam necesse est.

XXIIII.

Quando Cerevisiae peculiares sibi sapores amittunt, vitiosae censendae.

Crudae. Contra: Cerevisiae sunt coctae, Ergo non crudae. Respondeo. Est aequivocatio. Crudum aliquando dicitur omnis coctionis expers, aliquando quod non probe aut perfecte coctum est. Hoc modo Cerevisiae crudae dicuntur, lupulo non ad sacietatem percocto, etc.

XXV.

Medias voco, exempli gratia, quae nec crude, nec aduste, non nimis recentes, nec nimis antiquae sunt.

XXII.

Unter die schadhaften Biere werden auch die hefetrüben Biere gerechnet. Der Bodensatz (Hefe) nämlich, auf welche Weise auch immer er beigemischt ist, verdirbt das Bier

XXIII.

Einige Biere sind aufgrund ihres Alters trüb, wie frische Biere, andere durch äußere Einflüsse, etwa durch das Schütteln des Fasses oder wenn das gesamte Fass auf einmal entleert wird. Dann muss das Bier notwendigerweise aufgewirbelt und trüb werden.

XXIV.

Wann immer Biere ihre charakteristischen Aromen verlieren, sollten sie als verdorben angesehen werden.

Roh - Dagegen: Biere sind gekocht, also nicht roh. Antwort: Hier liegt eine Mehrdeutigkeit vor. »Roh« wird manchmal für alles gebraucht, das nicht gekocht ist, manchmal für etwas, das nicht richtig oder vollständig gekocht ist. In diesem Sinne werden Biere als roh bezeichnet, wenn der Hopfen nicht ausreichend gekocht wurde usw.

XXV.

Ich nenne mittlere Biere diejenigen, die weder roh noch verbrannt sind und die weder zu frisch noch zu alt sind.

PARS SECUNDA.

DE MULSA.

Praefatiuncula.

In hac parte brevior ero: Nam pleraque ex superioribus diiudicari ac cognosci possunt. Etsi autem non minor varietas est Mulsarum quam Cerevisiarum, non tamen prolixa oratione, et multis exemplis utar; sed praesens argumentum paucis expediam, deinde totam materiam in propositiones redactam, atque a me publice disputatam, subiungam. Nec dubito, quin haec simplex ratio explicandi, et brevis praecipuorum locorum enumeratio grata futura sit discendi cupidis. Sequor consilium Horatii:

> Quidquid praecipies esto brevis, ut cito dicta
> percipiant animi dociles teneantque fideles

Percipiant animi dociles, teneantque fideles. Malo enim necessaria tantum, atque ad rem pertinentia enumerare, quam ostentatione copiae, alienis proculque accersitis orationem nimium extendere.

Zweiter Teil

Über Met

Kleines Vorwort

In diesem Teil werde ich kürzer sein, denn vieles kann aus den vorangegangenen Abschnitten beurteilt und erkannt werden. Auch wenn es ebenso viele verschiedene Arten von Met gibt wie von Bier, werde ich keine ausführliche Rede und zahlreiche Beispiele verwenden. Vielmehr werde ich das gegenwärtige Thema kurz behandeln und die gesamte Materie in Form von Thesen zusammenfassen, die ich öffentlich diskutiert habe. Ich zweifle nicht daran, dass diese einfache Art der Erklärung und die kurze Auflistung der Hauptpunkte den wissbegierigen Lesern gefallen wird. Ich folge dabei dem Rat des Horaz:

> Was immer du lehrst, sei kurz, damit die Geister schnell
> erfassen und treu behalten, was gesagt wurde.
>
> [Horaz, *Ars Poetica* 335]

Mögen aufmerksame Geister dies begreifen und treu im Gedächtnis behalten. Denn ich ziehe es vor, nur das Notwendige und das, was zur Sache gehört, aufzuzählen, anstatt die Rede mit einer Fülle von fremden und weit hergeholten Dingen übermäßig in die Länge zu ziehen.

DE MVLSA.

1. Multis in ore est dictum Pollionis Romuli, et passim a literatis hominibus citatur. Sed pauci mulsum recte distingvunt a mulsa.

2. Suntigitur principio adpellationes discernendae, et utrique potui suum nomen tribuendum, ne indistinctis vocabulis rerum vires confundantur.

3. Mulsum autem diversum esse a Medone, ut quidam nominant, vel solae etymologiae Graecarum adpellationum luculenter confirmant. Hoc enim Hydromeli dicitur, quasi potus ex aqua et melle confectus, alio nomine melicraton. Illud Oenomeli, quia ex vino et melle comparatur. Latine mulsum, et mulsa (substantivis nimirum, vinum, aqua, omissis) efferuntur. Caeterum mulsum simplex hoc tempore, quod sciam, in Germania, aut apud nos, non est in usu. Quidam inter pocula saccharum vino, non valetudinis, sed palati gratificandi causa admiscent: qui potus suavior illo, nec minus salubris. Conficitur tamen non raro mulsum in maritimis civitatibus, conditum aromatis, cinnamomo, zingibere, galanga, nuce aromatica, macere, granis paradisi, cardamomo, caryophillis, croco. Interdum piper, praesertim longum, additur. Sunt qui aliquot grana gnidia adiiciunt, sed non sine periculo bibentium. Vocatur hic potus vulgo Claretum, et Hippocras, veteribus mulsum aromatice dicitur. Alii loco mellis saccharum accipiunt.

4. Mulsa nostra a veterum, si materiam spectes, parum admodum distat. Illa ex aqua pluviali magna ex parte conficiebatur, nostra ex quacumque. Additur nostrae aliquid lupuli, ut diu-

Über Met

1. Viel zitiert wird das berühmte Wort von Pollio Romulus, das von gebildeten Leuten häufig wiedergegeben wird. Aber nur wenige unterscheiden richtig zwischen »mulsum« und »mulsa«.

2. Zunächst müssen daher die Begriffe unterschieden und jedem Getränk der richtige Name zugeordnet werden, um Verwirrung der Begriffe und damit der Wirkungen der Substanzen zu vermeiden.

3. Met unterscheidet sich klar vom sogenannten »Medon«, wie einige es nennen, und allein schon die Etymologie der griechischen Bezeichnungen macht das deutlich. Denn »Hydromeli« bedeutet Getränk aus Wasser und Honig, auch Melicraton genannt. Mulsum (Met) hingegen wird aus Wein und Honig zubereitet. Lateinisch wird es »mulsum« und »mulsa« genannt, wobei die Substantive »vinum« (Wein) und »aqua« (Wasser) weggelassen werden. In Deutschland oder bei uns ist einfaches mulsum, soweit ich weiß, heute nicht in Gebrauch. Manche mischen Zucker in den Wein, nicht aus gesundheitlichen, sondern aus geschmacklichen Gründen – dieses Getränk ist milder als das originale und nicht weniger gesund. In den Küstenstädten wird jedoch häufig ein mit Gewürzen wie Zimt, Ingwer, Galgant, Muskatnuss, Pfeffer, Safran und weiteren ein aromatisiertes mulsum zubereitet. Manchmal wird sogar Pfeffer hinzugefügt, vor allem langer Pfeffer. Einige fügen auch einige Körner von Seidelbast hinzu, was jedoch nicht ungefährlich für die Trinker ist. Dieses Getränk wird im Volksmund »Claretum« und »Hippocras« genannt, bei den Alten jedoch »aromatisiertes mulsum«. Andere verwenden Zucker anstelle von Honig.

4. Unser Met unterscheidet sich nur wenig vom Met der Alten, wenn man die Zutaten betrachtet. Jener wurde größtenteils aus Regenwasser hergestellt, unserer aus beliebigem Wasser.

tius durare queat. Neque enim mel alieno adminiculo multum indiget, cum alioqui sua natura non facile corrumpatur, nisi nimia aqua dilutum, sed alia potius corpora integra diutissime scruet. Ex veteribus quidam fermentumi Mulsae, eo ut opinor consilio, quo nos lupulum adiecerunt, vel potius ut cito et bene ferveret: Quem admodum Poloni et Lituani potui sibi familiarissimo ex vulgari branca ursina facta, fermenti aliquid iniiciunt. Vincitur autem simplex et frugalis illa vetustas, tum varietate, tum praestantia Mulsarum, a nostro seculo, ventri gulaeque deditissimo. Subinde alia atque alia gulae irritamenta, non ad sanitatem conservandam, aut vitam prorogandam, sed ad voluptatem, ad pernitiem mortalium, et praematuram mortem accersendam excogitant. In qua arte quo quis felicior et ingeniosior iudicatur, eo celebrior habetur. Adeo paulatim mundus a prisca illa integritate dea generat, et deterior fit. Sed non propter abusum res bonae negligendae sunt.

5. Mulsa est potus praestans, maxime idoneus hominibus, has regiones incolentibus, in quibus mellis optimi summa copia, vini boni magna inopia. Et quid quaeso aliud Mulsa est, quam vinum arte confectum? Sententiae nostrae suum Plinius addit calculum, libr. 14. cap. 17. his verbis: Fit vinum ex aqua et melle tantum.

Nectar.

Quid putas Nectar, potum deorum, a poëtis celebra tum, atque laudibus in coelum usque elatum, aliud esse quam mulsam, quae ex aërea materia, ut ille dicit, originem ducit: Ea

Unserem wird etwas Hopfen hinzugefügt, damit er länger haltbar bleibt. Denn Honig braucht von Natur aus nicht viel fremde Hilfe, da er an sich nicht leicht verdirbt, es sei denn, er wird mit zu viel Wasser verdünnt; vielmehr bewahrt er andere Substanzen sehr lange unversehrt. Einige der Alten fügten dem Met Hefe hinzu, meiner Meinung nach aus demselben Grund, aus dem wir Hopfen hinzufügen, oder eher, um es schnell und gut gären zu lassen: So wie die Polen und Litauer etwas Hefe in das Getränk einmischen, das sie aus der gewöhnlichen Bärenklau herstellen und das ihnen sehr vertraut ist. Doch diese einfache und bescheidene Tradition der Alten wird von unserem Zeitalter, das dem Bauch und dem Gaumen am meisten frönt, in Bezug auf die Vielfalt und Qualität der Metgetränke übertroffen. Immer wieder werden neue Reize für den Gaumen erfunden, nicht um die Gesundheit zu erhalten oder das Leben zu verlängern, sondern um Vergnügen zu bereiten und die Menschen ins Verderben und zu einem vorzeitigen Tod zu führen. In dieser Kunst gilt derjenige, der erfolgreicher und einfallsreicher ist, als umso berühmter. So entfernt sich die Welt allmählich von jener alten Rechtschaffenheit und wird schlechter. Doch gute Dinge sollten nicht wegen ihres Missbrauchs vernachlässigt werden.

5. Met ist ein hervorragendes Getränk, besonders geeignet für die Menschen in diesen Regionen, wo es viel guten Honig, aber wenig guten Wein gibt. Und was, frage ich, ist Met anderes als Wein, der durch Kunstfertigkeit hergestellt wird? Plinius stimmt dieser Ansicht in seinem Buch 14, Kapitel 17, zu, wo er schreibt: »Wein wird nur aus Wasser und Honig hergestellt.« [Plinius, *Naturkunde* 14,20.113].

Nektar

Was denkst du, dass der Nektar, das von den Dichtern gefeierte und mit Lobpreisungen bis in den Himmel erhobene Getränk der Götter, etwas anderes sei als Met, der, wie jener

enim appellatio vino tribui non potest, multo minus cerevisiae, quae a veteribus ad unum omnibus scriptoribus culpatur. Cum itaque nullum sit tertium, non video cui Nectaris adpellatio quam Mulsae conveniat.

Conditur etiam mulsa vini cereuisiarumque modo herbis et aromatis, sed tamen parcius. Quae ex Helenio fit, si rite paratur, vitiis pectoris saluberrimum auxilium est, nam Mel et Helenium utrumque per se pectori est amicissimum. Ex Zedoaria facta obstat venenis, robur addit stomacho, fastidia diuturna tollit. Quae variis aromatis conditur, ac praecipue cariophyllos prae se fert, alibi mulsa aromatices, hic caesar antiquus appellatur: causam non video.

Utilissimus potus est, in frigidis et humidis membrorum nutritivorum vitiis, nec non in pectoris intemperaturis. Similiter in morbis nervorum frigidis, apoplexia, paralysi, epilepsia, spasmo, ita tamen ut medicamentorum lege ieiuno stomacho modice degustetur, non ad sacietatem bibatur.

6. Mulsa simplex temperamentum mellis habet, nec opus est multis argumentis ad confirmandam hanc sententiam, si quis superiorum meminit. Porro mel esse cali dum et siccum in secundo gradu. Medicorum nemo non profitetur. Habet facultatem extersoriam, est tenuium partium, secundum magis et minus, pro pabuli apum varietate. Nam maxime tale est, quod provenit ubi thymus copiose nascitur. Cum autem tenuium partium sit, necessario etiam aliquid acre possidet, per quod

sagt, seinen Ursprung aus luftiger Materie nimmt? Diese Bezeichnung kann nämlich nicht auf Wein angewendet werden, noch viel weniger auf Bier, das von allen alten Schriftstellern einstimmig getadelt wurde. Da es also kein drittes (Getränk) gibt, sehe ich nicht, auf welches der Name Nektar besser passen könnte als auf den Met.

Gewürzt wird Met auch ähnlich wie Wein und Bier mit Kräutern und Gewürzen, jedoch sparsamer. Der Met, der aus Elecampane (Helenenkraut) zubereitet wird, ist, wenn es richtig gemacht wird, ein hervorragendes Mittel gegen Brustbeschwerden, da sowohl Honig als auch Elecampane an sich sehr wohltuend für die Brust sind. Aus Zedoarien (Zedrachbaum) gemacht, schützt er vor Giften, stärkt den Magen und beseitigt lang anhaltende Ekelgefühle. Der Met, der mit verschiedenen Gewürzen aromatisiert wird, insbesondere mit Nelken, wird »aromatisiertes mulsum« oder hier »alter Caesar« genannt; den Grund dafür sehe ich nicht.

Ein sehr nützliches Getränk ist Met besonders bei kalten und feuchten Beschwerden der Ernährungsorgane, sowie bei »Nichttemperiertheit« in der Brust. Ebenso eignet er sich bei Nervenleiden, wie Apoplexie, Lähmung, Epilepsie und Krämpfen – vorausgesetzt, er wird in Maßen und nach den Regeln der Arzneikunst auf nüchternen Magen eingenommen, nicht bis zur Sättigung.

6. Einfacher Met hat das gleiche »Temperament« wie Honig, und es bedarf keiner großen Argumente, um diese Ansicht zu bestätigen, wenn man sich an das bereits Gesagte erinnert. Es ist allgemein anerkannt, dass Honig warm und trocken im zweiten Grad ist; kein Arzt bestreitet dies. Ers hat die Eigenschaft, reinigend zu wirken, und ist von feiner Substanz, je nach der Nahrung, welche die Bienen finden, mehr oder weniger. Am besten ist der Honig, der von Thymian stammt, wo dieser reichlich wächst. Da Honig von feiner Substanz ist, besitzt er notwendigerweise auch eine gewisse Schärfe, durch

ventrem ad excretionem irritat. Inflat quoque mel. Sed coquendo quidquid flatuosum est, in spumam abit, abiiciturque. Quod si et extergendi vis melli, adimatur, magis ad urinam ciendam idoneum, itemque ad alimenti distributio nem ac nutritionem aptius redditur. Adimitur autem coctione, quod fit, dum mulsa paratur. Haec igitur dum adhuc cruda est, inflationes movet, tormina excitat, alvum solvit, exiguam alimoniam corpori praebet, vocaturque a Medicis mulsa cruda, de cocta in sequentibus dicam.

Hic quidam inferunt: Mel habet aëream naturam. Nam poëtae mel aëreum, item roscidum vocant. Non igitur siccum, sed humidum est. Respondeo. Aliter Physici et poëtae, aliter Medici rerum temperaturas aestimant. Fortasse mel aëris qualitates habet, si ad totam naturam comparetur. Nos vero de ea comparatione, quae ad hominem fit, Medicorum more, hoc loco intelligi volumus. Neque vero ex rore tantum apes mel colligunt, sed etiam ex plantis, praecipueque floribus ipsarum.

Ros siquidem insipidus, et aqueae naturae est, omnisque coloris expers. Nam quid est aliud, quam vapor in plantis condensatus? An vero qualitatis plantarum in guttulas adhaerescentis tantillo tempore transmigrent, alia quaestio est. Atqui ego id fieri non posse arbitror. Nam plantae sapores suos et colores non solum contactu superficiali rebus communicant.

Si solus ros esset materia mellis, frustra a Meridie aestivo tempore illo calore solis iam ante depasto, apiculae circumvolitarent, quaerentes alimoniam, nec promiscue omnibus plantis

die er den Darm zur Ausscheidung anregt. Honig verursacht auch Blähungen. Doch beim Kochen verschwindet diese Blähungsgefahr, und die schäumenden Bestandteile werden abgetrennt. Sollte das reinigende Vermögen des Honigs entzogen werden, so wird er besser geeignet, die Ausscheidung des Urins zu fördern und die Verteilung und Ernährung der Nahrung zu unterstützen. Dies geschieht während des Kochens, wenn Met hergestellt wird. Solange der Met noch roh ist, verursacht er Blähungen, ruft Krämpfe hervor, fördert den Stuhlgang und liefert dem Körper nur wenig Nahrung. In der Medizin wird dies »roher Met« genannt; über gekochten Met werde ich später sprechen.

Manche behaupten: »Honig hat eine luftige Natur«, denn Dichter bezeichnen Honig als »ätherisch« oder »taufrisch«. Daraus folgern sie, dass er nicht trocken, sondern feucht sei. Darauf antworte ich: Die Naturkundler und die Dichter haben eine andere Auffassung als die Mediziner, wenn es um die Bewertung der Naturen von Substanzen geht. Vielleicht hat Honig Eigenschaften der Luft, wenn man ihn im Vergleich zum ganzen Universum betrachtet. Aber hier geht es um die Wirkung auf den Menschen, und diese wird nach den Kriterien der Medizin verstanden. Auch sammeln Bienen nicht nur Honig aus dem Tau, sondern auch aus den Pflanzen, insbesondere deren Blüten.

Tau ist nämlich geschmacklos und von wässriger Natur, völlig farblos. Denn was ist Tau anderes als ein verdichteter Dampf, der sich auf Pflanzen absetzt? Ob allerdings die Eigenschaften der Pflanzen in so kurzer Zeit in die Tropfen übergehen können, ist eine andere Frage. Ich jedenfalls glaube, dass das nicht möglich ist. Denn Pflanzen geben ihren Geschmack und ihre Farbe nicht bloß durch oberflächlichen Kontakt ab.

Wenn der Tau allein die Materie des Honigs wäre, dann würden die Bienen vergeblich am Mittag in der Sommerhitze, nachdem der Tau bereits durch die Hitze der Sonne ver-

insiderent, sed tantum proxima quaeque aut quae roris plurimum haberent, expeterent. At experimento constat, eas ex omni genere pos se aliquid colligere. Hinc tanta diversitas odoris, coloris, saporisque in melle invenitur. Non tamen negamus, eas quibusdam magis gaudere, quam aliis. Delectantur enim certis plantis, et quarundam herbarum succo suavissime fruuntur, quemadmodum Melissa, quae ob id ab apibus Graece Melissophyllon, Latine Apiastrum nomen adepta est.

Reperitur in quibusdam locis, ut in Sardinia, mel amarum, propter absinthii abundantiam, quo apes eo loci potissimum, deficientibus familiaribus herbis, nutriri coguntur. Cum itaque mel calidum et siccum sit, quis dubitat idem temperamentum Mulsam habere? Mirari tamen quibusdam hoc loco subit, si calida et sicca est (ut nos affirmamus) cur Hippocrates febricitantibus, quibus frigida et humida, utpote contraria, competunt, et aliis acutis morbis correptis, exhibeat. In causa est praeparationis modus. Nam illa mulsa qua in febribus utuntur, valde tenuis et aquosa est, non, ut nostra, plena. Non caput petit, non aquae modo in praecordiis moram trahit, cito transit, properat, et ad vesicam celeri motu contendit, non est ingrata ventriculo iecorique, Non igitur nocet, sed confert.

Sed hoc loco aliquis subiiciat: Esto vera esse, quae de tenui sive aquosa mulsa dicis, sed cur media aestate, in festo D(ivi) Ioannis, cum aer calidissimus est, e biliosus humor in corporibus mortalium dominatur quam meracissime cum magna solennitate bibitur, idque diuturna experientia a multis rationibus comprobatur, nec ab ullo hactenus reprehensum est? Gravis est obiectio, et quaestio difficilis explicatu. Ego superstitione potius, quam ratione illum morem primum in Germaniam, alia-

dampft wäre, umherfliegen, um Nahrung zu suchen, und sie würden sich nicht wahllos auf alle Pflanzen niederlassen, sondern nur auf die nächsten oder auf diejenigen, die am meisten Tau hätten, zusteuern. Doch es ist durch Erfahrung bewiesen, dass sie aus jeder Art (von Pflanzen) etwas sammeln können. Daher findet sich im Honig eine so große Vielfalt an Geruch, Geschmack und Farbe. Wir leugnen nicht, dass sie manche Pflanzen bevorzugen. Sie haben besondere Vorlieben, wie etwa die Melisse, die deshalb im Griechischen »melissophyllon« und im Lateinischen »apiastrum« genannt wird, da sie den Bienen besonders lieb ist.

Gefunden wird an einigen Orten, wie in Sardinien, bitterer Honig, da die Bienen sich hauptsächlich von Wermut ernähren, wenn ihnen andere bevorzugte Pflanzen fehlen. Da Honig also warm und trocken ist, besteht kein Zweifel, dass auch Met dieselbe »Temperatur« hat. Es mag jedoch einige überraschen, wenn wir sagen, dass er warm und trocken ist, und sie werden sich fragen, warum Hippokrates ihn bei fiebrigen Patienten, denen eigentlich kalte und feuchte Dinge zustehen, verabreicht hat, ebenso bei anderen akuten Krankheiten. Der Grund dafür liegt in der Zubereitungsweise. Der Met nämlich, der bei Fieber verabreicht wird, ist sehr dünnflüssig und wässrig, nicht wie unser kräftiger, vollmundiger Met. Er steigt nicht in den Kopf, verweilt kaum in der Brust, sondern geht schnell durch und wird rasch über die Blase ausgeschieden. Esrist dem Magen und der Leber nicht unangenehm, schadet also nicht, sondern nützt.

Aber hier könnte jemand einwenden: »Es mag der dünne, wässrige Met ist, wie du sagst, heilsam sein – doch warum wird mitten im Sommer, zum Johannisfest, wenn die Luft heiß und der Körper von Galle beherrscht wird, mit großem Eifer starker, reiner Met getrunken, und warum wird diese Praxis von vielen lange Zeit als bewährt angesehen und von niemandem kritisiert?« Das ist ein schwerwiegender Einwand und eine Frage, die nicht leicht zu beantworten ist. Ich glaube, dass dieser

sque regiones invectum esse opinor. Nec credo quemquam probabilem saltem causam eius rei reddere posse.

7. Quoniam vero Mulsa gradibus differt, scire oportet, eam vires sumere aut a mellis praestantia, quo haec regio etiam cum Attica certare potest,

8. aut a copia, quae non est certa mensura circumscripta, alii aliis plus, alii minus recipiunt.

Facit etiam plurimum ad hanc rem coquendi modus, qui non parum variat, in quo summa rei posita esse videtur. Nam ex eodem melle, eodem loco dissimilis potus effingitur. Sed de hac re nihil in praesentia dicam. Ergo cum omnes causae, quas commemoravi, concurrunt, generosisssima mulsa fit, quae tum calefaciendo, tum nutriendo, aliisque effectibus reliquis praecellit. Sunt tamen quaedam notae, quibus gradus deprehenduntur, ab odore, sapore, coloribusque sumptae, Colorem a melle accipiunt, mel, ut dixi, a plantis. Idem de sapore sentio. Cuius rei evidens testimonium in melle Ericaeo apparet, quod et olfactu et gustu ex Erica factum esse perspicue deprehenditur.

Colorum vero plures causae sunt. Crudae enim vel leviter tantum coctae, mellis colorem retinent, reliquae non item. Quae enim ex virgineo melle, ut vocant, in tilietis collecto paratur, subalba est. Quae vero ex aliis mellis generibus coquuntur, flavae sunt, et quo magis coquuntur, eo magis color intenditur, adeo ut quaedam passei coloris inveniantur.

Brauch eher aus Aberglauben als aus vernünftigen Gründen in Deutschland und andere Regionen eingeführt wurde. Und ich glaube nicht, dass jemand eine überzeugende Begründung dafür geben kann.

7. Da Met in seiner Stärke variiert, sollte man wissen, dass die Kraft des Mets entweder von der Qualität des Honigs herrührt, der in dieser Region sogar mit dem attischen Honig konkurrieren kann,

8. oder von der Menge, die nicht durch ein festes Maß begrenzt ist, da die einen mehr, die anderen weniger hinzufügen.

Auch die Art und Weise, wie er gekocht wird, hat einen großen Einfluss auf das Endergebnis, und hierin scheint der Kern der Sache zu liegen. Denn aus demselben Honig und am selben Ort kann ein unterschiedliches Getränk entstehen. Über dieses Thema werde ich im Moment jedoch nichts weiter sagen. Wenn alle diese Faktoren zusammenkommen, entsteht ein sehr kräftiger Met, der in Bezug auf Wärmewirkung, Ernährung und andere Eigenschaften den anderen überlegen ist. Es gibt jedoch bestimmte Merkmale, an denen man die Stärke erkennen kann, wie den Geruch, den Geschmack und die Farbe, die vom Honig beeinflusst werden. Honig, wie ich sagte, erhält seine Farbe von den Pflanzen. Dasselbe gilt für den Geschmack. Ein offensichtliches Beispiel dafür findet man beim Heidehonig, der klar erkennbar sowohl im Geruch als auch im Geschmack von der Heide stammt.

Die Farbe des Mets hat mehrere Ursachen. Roher oder nur leicht gekochter Met behält die Farbe des Honigs, während andere nicht so sind. Der Met, das aus »jungfräulichem Honig«, wie man sagt, zubereitet wird – er wird auf Lindenbäumen gesammelt – ist leicht weißlich. Der aus anderen Honigsorten zubereitete Met ist gelb, und je länger er gekocht wird, desto intensiver wird die Farbe, bis er schließlich die Farbe von Rosinenwein annimmt.

9. Haec colorum commemoratio et observatio ad iudicium de bonitate plurimum facit. Quo enim color longius a primo recedit, eo mulsa sit validior, plus calefacit, plus nutrit.

10. Et quanquam probe cocta probe alit, non tamen omnibus naturis, sicut nihil aliud quantumvis bonum convenit.

11. Biliosis siquidem iuvenibus adversatur, ac in calidis in bilem potius quam sanguinem bonum convertitur. Pituitosis vero nisi venarum obstructionis periculum fuerit, et senibus adprime utilis est potus, prodest frigidis morbis, maxime cerebri, partium nervosarum articulorum, iuvat pectus, sedat tussim, spiritum educit mediocriter, confert renibus et vesicae, calculi generationem impedit. Recens vero aut non satis bene cocta, inflationes, tormina, colicosque dolores excitat. Cruda vero omnino alvum magis solvit, probe autem cocta magis nutrit.

Peculiarem etiam facultatem Mulsa habet, adversus quaedam veneni genera, si quis Apollinarem, aut Solanum furiosum sumpserit, potu melicrati iuvatur, atque liberatur.

12. Postremo de praestantia Mulsae adhuc scrupulus restat. Columella enim, autor gravis, et nequaquam contemnendus, tilias, ex quarum floribus Lituanicum illud praestans mel colligitur, improbat. Ita namque libr. 9. cap. 4. de apum pastionibus scribit: At tiliae solae ex omnibus sunt nocentes etc. Quocirca cum pabalum apum vitiosum sit, quomodo bonum mel ex eo fiet, et quomodo ex malo melle bona mulsa parabitur?

9. Die Beobachtung und Beurteilung der Farbe ist entscheidend für die Qualität des Mets. Je weiter die Farbe vom ursprünglichen Zustand entfernt ist, desto stärker ist der Met, desto mehr wärmt er und desto nahrhafter ist er.

10. Und obwohl gut gekochter Met gut nährt, ist er dennoch nicht für alle Konstitutionen gleich gut geeignet.

11. Jungen Menschen mit einem Übermaß an Galle ist er schädlich, da er eher Galle als gutes Blut erzeugt. Für Menschen mit einem Überschuss an Schleim oder ältere Menschen ist er jedoch ein äußerst nützliches Getränk. Er wirkt gegen kalte Krankheiten, insbesondere des Gehirns, der Nerven und Gelenke, hilft der Brust, lindert Husten, fördert den Atem, stärkt Nieren und Blase und beugt der Bildung von Steinen vor. Frischer oder nicht ausreichend gekochter Met hingegen verursacht Blähungen, Krämpfe und kolikartige Schmerzen. Ganz roher Met regt den Stuhlgang stärker an, während gut gekochter Met besser nährt.

Met hat auch eine besondere Wirkung gegen bestimmte Arten von Giften. Wenn jemand Apollinaris oder das giftige Nachtschattengewächs eingenommen hat, wird ihm ein Trunk aus mit Wasser gemischtem Honig helfen und ihn heilen.

12. Ein weiterer Punkt bezüglich der Vorzüglichkeit von Met bedarf noch der Klärung. Columella [*Ackerbau* 9,4,3], ein angesehener und keineswegs zu vernachlässigender Autor, äußert sich ablehnend über Linden, aus deren Blüten der vorzügliche litauische Honig gewonnen wird. In seinem Werk über die Bienenwirtschaft in Buch 9, Kapitel 4 schreibt er: »Aber allein die Linden unter allen Bäumen sind schädlich.« Wenn jedoch die Nahrung der Bienen schädlich ist, wie kann dann guter Honig daraus gewonnen werden? Und wie kann aus schlechtem Honig ein guter Met hergestellt werden?

At experientia constat, reprehensione indignas esse, cum flores ipsarum non laedant, sed plurimum caput corroborando iuvent. Singulare enim remedium comitiali morbo ex tiliae floribus destillatio elicitur. Non autem nisi cerebrum confortarent, adversum epilepsiam vim haberent. Adde quod hoc mulsae genus non solum incolis harum regionum sit familiarissimum, sed etiam principatum, iudicio bibentium obtineat. Longi enim experientia, quae omni autoritate potior est, testatur, potum esse salubrem, et naturae amicum.

Sed desinam plura de Mulsa referre, ne eorum quae ab initio promisi, parum memor videar. Fortasse hoc argumentum retexendi atque latius explicandi dabitur occasio. Verum priusquam themata subiungam ostendam, quid apomeli fit, potus Mulsae cognatissimus quo quidam pro vera Mulsa utuntur. Sic enim praeparatur: Accipiuntur favi melle pleni, colore albo. vel pellucidum continentes, quod manibus expressam optimae fontanae aquae admiscetur.

Nunc Themata subscribam.

Aber die Erfahrung zeigt, dass sie keiner Kritik würdig sind, da ihre Blüten nicht schaden, sondern das Haupt sehr durch Stärkung unterstützen. Denn ein außergewöhnliches Heilmittel gegen die Fallsucht wird durch Destillation aus Lindenblüten gewonnen. Sie hätten jedoch keine Wirkung gegen Epilepsie, wenn sie das Gehirn nicht stärken würden. Außerdem ist diese Art von Met nicht nur den Einwohnern dieser Gegenden sehr vertraut, sondern genießt auch den höchsten Rang im Urteil der Trinkenden. Denn lange Erfahrung, die jede Autorität übertrifft, bezeugt, dass es ein gesundes und der Natur zuträgliches Getränk ist.

Ich werde jedoch aufhören, weiter über Met zu sprechen, damit ich nicht den Eindruck erwecke, das, was ich zu Beginn versprochen habe, zu vergessen. Vielleicht wird sich eine Gelegenheit ergeben, dieses Thema erneut aufzugreifen und ausführlicher zu behandeln. Doch bevor ich die Thesen präsentiere, werde ich noch kurz auf Apomeli eingehen, ein Getränk, das dem Met sehr nahe steht und von einigen als Ersatz für echten Met verwendet wird. Es wird folgendermaßen zubereitet: Man nimmt mit Honig gefüllte Waben, die einen weißen oder durchscheinenden Honig enthalten, und vermischt sie durch Auspressen mit bestem Quellwasser.

Nun folgen die Thesen:

Disputatio de mulsa.

I.

Pollio Romulus centesimum annum excedens, a D(ivo) Augusto hospite interrogatus, quam nam ratione maxime vigorem illum animi corporisque custodisset? Respondit, intus mulso, foris oleo, ut Plinius memoriae prodidit.

II.

Id de mulsa sive medone, ut vulgo appellant, nequaquam intelligi potest.

III.

Est etenim mulsum potus ex melle et vino confectus, vel est vinum melle conditum, quod Graeci Oenomeli vocant.

IIII.

Medo vero est hydromeli, Melicraton, sive aqua mulsa veterum, quamvis ratio conficiendi nonnihil variat: additur enim aliquid lupuli, durationis gratia, quamobrem et longe diutius quam veterum, hydromeli nostrum conservatur.

V.

Etsi autem a mulso diversus est, nihilominus tamen magnum in vita, in his potissimum regionibus, usum habet, et proxime ad vini naturam accedit.

Disputation über Met

I.

Pollio Romulus, der über 100 Jahre alt wurde, wurde von Kaiser Augustus gefragt, wie er seine geistige und körperliche Kraft so lange bewahrt habe. Er antwortete, wie Plinius berichtet: »Innerlich durch Met, äußerlich durch Öl.«

II.

Diese Aussage kann sich keineswegs auf Mulsum oder auf den sogenannten »Medon« beziehen, wie manche glauben.

III.

Denn Mulsum ist ein Getränk, das aus Honig und Wein hergestellt wird, oder es ist Wein, der mit Honig versetzt ist, und die Griechen nennen es »Oenomeli«.

IV.

»Medo« hingegen ist Hydromeli oder Melicraton, der Met der Alten, obwohl die Zubereitung etwas variiert: Es wird etwas Hopfen hinzugefügt, um die Haltbarkeit zu verlängern, weshalb unser Hydromeli viel länger haltbar ist als das der Alten.

V.

Obwohl er sich von Mulsum unterscheidet, ist er dennoch von großem Nutzen, insbesondere in diesen Regionen, und kommt dem Wein in seiner Wirkung sehr nahe.

VI.

Vis est illi calefaciendi et exiccandi. Nam mel calidum et siccum est, cuius temperaturam praecipue refert.

VII

Alius tamen alio in calefaciendo, et exiccando, pro mellis bonitate, mensura, et coquendi modo, efficacior est.

VIII.

Nam qui praestantius, et copiosius mel recipit, et qui largius coquitur, validissime utrumque praestat.

IX.

Nutrit etiam non parum hic polus, si probe in ventriculo, et epate coquitur. Neque enim id in qualibet natura promiscue fieri potest.

X.

Sicut enim pituitosos, hoc est, frigidiores et humidiores iusto, tum alterando, tum nutriendo egregie iuvat, ita biliosis, et qui levi occasione obstructione viscerum corripitutur, aut qui ructibus nidorosis (quos quidam ardorem stomachi non incommode nominant) expositi sunt, res admodum inimica est.

VI.

Er hat die Eigenschaft, zu erwärmen und zu trocknen, da Honig warm und trocken ist, und es übernimmt hauptsächlich diese Eigenschaften.

VII.

Es gibt jedoch Unterschiede in der wärmenden und trocknenden Wirkung, je nach Qualität des Honigs, der Menge und der Art des Kochens.

VIII.

Je besser und reichhaltiger der verwendete Honig und je intensiver das Kochen sind, desto stärker sind die wärmenden und trocknenden Eigenschaften.

IX.

Dieses Getränk nährt auch erheblich, wenn es im Magen und in der Leber gut verdaut wird. Es kann jedoch nicht bei jeder Konstitution gleichermaßen vermischt werden.

X.

Während es Menschen mit einem Überschuss an Schleim – das heißt solchen, die kälter und feuchter sind als normal – sowohl durch seine wärmende als auch durch seine nährende Wirkung hervorragend hilft, ist es für Menschen, die leicht unter einer Verstopfung der Eingeweide leiden oder zu saurem Aufstoßen und Magenbrennen neigen, äußerst schädlich.

XI.

In calidis siquidem facile in bilem convertitur, maxime qui meratior est, dilutior vero aquosiorque non item.

XII.

Praestantissimus medo est, qui ex melle, quod ex floribus tiliae congestum est, coquitur, infimus autem qui ex Ericaeo, minime omnium generoso melle conficitur, censeri debet.

XI.

In hitzigen (»Temperamenten«) verwandelt es sich leicht in Galle, insbesondere wenn es stark und unverdünnt getrunken wird. Dünnerer und wässrigerer Met hingegen hat diese Wirkung nicht.

XII.

Der beste Met wird aus Honig hergestellt, der von Lindenblüten stammt, während der schlechteste aus Heidehonig gewonnen wird, der von der geringsten Qualität ist.

Anhang

Literatur

VD16 bezieht sich auf das Verzeichnis der im deutschen Sprachbereich erschienenen Drucke des 16. Jahrhunderts: www.vd16.de. Dort sind auch alle Digitalisate der Vorlagen verzeichnet.

Eobanus Hessus, Helius – Bonae Valetudinis conservandae praecepta ad Magnificum D. Georgium Sturtiaden per Eobanum Hessum, Erfurt 1524 (VD16 E 1460), Neuausgabe Nürnberg 1531 (VD16 E 1462)

Placotomus, Johannes – De tuenda bona valetudine, libellus Eobani Hessi, commentariis doctissimis illustratus a Ioanne Placotomo, in Academia Regiomontana professore, Frankfurt am Main 1550, S. 66^{v} – 101^{v} (VD16 E 1466); erneut ebenda 1551 (VD16 E 1467)

Die am Schluss des Werks wiedergegebenen Thesen finden sich bereits bei Placotomus, Johannes: Disputationes quaedam philosophicae in Academia Regiomontana propositae, Wittenberg 1548 (VD16 B 8032)

Bertling, August: Placotomus, Johann. In: Allgemeine Deutsche Biographie, Band 26, Leipzig 1888, 220–222

Brodersen, Kai: Symeon Seth, Das A und O vom Essen und Trinken, Wiesbaden 2022

Löffler, Klemens: Die ältesten Bierbücher. In: Archiv für Kulturgeschichte 7,1909, 5–12

Schwarz, Holm-Dietmar: Placotomus, Johann. In: Neue Deutsche Biographie, Band 20, Berlin 2001, 495–496

Schoellhorn, Fritz: Bibliographie des Brauwesens, Einsiedeln 1928

von der Planitz, Hans: Das Bier und seine Bereitung einst und jetzt, München 1879

Bildvorlage für S. 8

Johannes Placotomus 1574 – wikimedia (gemeinfrei)

Register

Abführmittel 73, 79
Abkochung 43, 63, 135
Aegineta s. Paulus
Aemilius (Oemler) 10, 13
Aëtios von Amida 12, 53
Ale 8, 13
Antiochia 53
apiastrum 155
Apollinaris 159
Apomeli 161
Apoplexie 109, 151
Arzneimittel 47, 51, 93, 97, 99, 151
Atembeschwerden 55, 105, 159
Augenentzündungen 73
Aussatz 10, 51, 121, 139

Bacchus 9–10, 19, 51
Bärenklau 149
Bauchkrämpfe 63, 93, 131, 149
Beifuß 107
Belgern 89
Bergwerke 37
Berlin 7
Bernau 77
Bertram 131
Betonie 105
Bienen 151, 153, 155, 159
Bieressig 97
Bierlauge 63, 101, 105
Blähungen 47, 49, 51, 53, 63, 69, 93, 121, 123, 131, 141, 153, 159
Blase, Blasenstein 59, 103, 107, 109, 111, 155, 159
Blut 12, 41, 47, 53, 73, 75, 79, 81, 99, 113, 139, 159
Bluthusten 115
Brandenburg 77
Brandgeschmack 39
Braunschweig 81, 83, 109, 121
Brettschneider s. Placotomus
Britannien 51
Brot 39, 93, 95
Brust 11, 103, 105, 107, 151, 155, 159

cacochymia 139
Caius 8,13
Caesar 151
Cato 12, 79
Ceres 9–10, 33, 51, 125
Chamaipeuke 41
Columella 12, 159
Curmi 49, 51, 121

Danzig (Gdańsk) 9–11, 21, 23, 45, 73, 75, 79, 121
Darm 53, 79, 107, 115, 151
Dioskurides 12, 51
Dodonaeus 7, 13
Dysurie 83, 115

Eichenblätter 115
Einbeck 81, 83, 121
Eisleben 9
Elbing (Elbląg) 75
Elephanntiasis s. Aussatz
Elfenbein 53
Empyreuma 39, 43
Eobanus Hessus 7, 10, 51, 169
Epilepsie 53, 105, 109, 151, 161
Erfurt 10, 85, 169
Essig, Essigbier 65, 67, 97

Fieber 45, 83, 103, 113, 135, 155
Frankfurt 169
Frauen 64, 79, 103, 107, 109, 111, 113
Freiberg 89

Galen 12, 39, 51, 53, 127
Galgant 147
Galle 12, 41, 81, 103, 113, 133, 155, 159, 167
Gamander 105
Gardelegen 77
Gazius 7, 13

Gelenken 57, 73, 113, 159
Germania, Germanen 7, 57
Gerste, Gerstenbier 10–11, 33, 39, 41, 43, 45. 49, 51, 53, 55, 61, 63, 69, 79, 81, 89, 97, 121, 125, 127, 129, 135, 137
Geruch 41, 57, 61, 89, 113, 123, 131, 155, 157
Gewürz, Gewürzbier 11, 35, 93, 93, 97, 99, 101, 103, 107, 109, 117, 147, 151
Gicht 11, 57, 73, 133
Gifte 111, 151, 159
Gnidium 147
Goslar 61, 81
Griechen, griechisch 12, 53, 147, 155, 163
Grütze 39

Hagecius 8, 13
Hamburg 11, 45, 69, 79, 81, 121
Harn s. Urin
Haut 11, 73, 79, 93, 95, 111
Hefe 43, 47, 59, 69, 95, 97, 141, 143, 149
Helenenkraut 151
Herz 61, 103, 109
Hessus s. Eobanus Hessus
Himbeere 117
Hippocras 147
Hippokrates 12, 57, 155
Hirschzunge 107
Holz 45, 59, 63, 65, 87
Honig 11, 47, 147, 149, 151, 153, 155, 157, 159, 161, 163, 165, 167
Hopfen 10–11, 33, 41, 43, 49, 59, 61, 63, 65, 67, 69, 77, 81, 83, 95, 121, 125, 129, 131, 133, 137, 139, 143, 149, 163
Horaz 12, 29, 145
Husten 105, 159
Hülsenfrüchte 33, 73, 127
Hydromeli 147, 163

Iberien (Westiberien) 51
Ingwer 93, 147

Kalmus 93
Kapaune 95
Käse 39
Kirschen 115
Knoblauch 47
Königsberg (Kaliningrad) 9, 19, 21, 25
Kolberg (Kołobrzeg) 77
Kopf, Kopfschmerzen 9, 19, 21, 25, 43, 45, 51, 53, 65, 79, 85, 97, 103, 105, 109, 111, 113, 135, 155
Kratzdistel 41
Kupfergefäße 95
Küstenregionen, -städte 37, 93, 97, 147

Lagerung 11, 61, 65
Latein 7–10, 12–13, 147–155
Lavendel 97, 109, 111
Leipzig 9, 169
Lepra s. Aussatz
Linde 159, 157, 159, 167
Litauen 11, 75, 121, 149, 159
Lora 69, 135
Lorbeer 111
Lübeck 79
lupus salictarius s. Hopfen

Märzenbier 75
Magdeburg 83
Magen 17, 37, 45, 53, 57, 59, 63, 87, 93, 95, 99, 103, 107, 111, 113, 115, 117, 151, 155, 165
Martiana s. Märzenbier
Medon 11, 146, 163
Melancholie 107, 109, 129
melicraton 147, 163

Melisse 155
Menstruation 103, 105, 107, 109, 111, 115
Mesuë 12, 131
Met 11–12, 21, 125, 145, 147, 149, 151, 153, 155, 157, 159, 161, 163, 167
Milch 55
Milz 107, 103, 131
Mischbiere 33
Mulsum / Mulsa 9, 11, 147, 151, 169
Muskatnuss 147
Münnerstadt 9

Nachtschattengewächs 159
Narde 111
Naumburg 85
Nelken 151
Nelkenwurz 113
Nerven 10–11, 49, 51, 53, 57, 63, 103, 105, 109, 121, 123, 151, 159
Nieren 10, 51, 59, 63, 83, 103, 105, 107, 111, 113, 121, 159
Nieswurz 113
Nikolaus 77
Noah 133
Nordischer Wein (Bier) 57

Öl 93, 163
Oemler s. Aemilius
Oenomeli 163
Oregano 107
Ovid 12, 29

Paulos von Aigina (Aegineta) 12, 53
Pech 65
Pedanios Dioskurides s. Dioskurides
Pelusium 9–10, 51
Pfeffer 147
Pferd 133
Pfirsichblätter 111
Pflaster 95, 131, 141
Phucas 49, 53, 121
Placotomus 7, 9–13, 19, 21, 169 und *passim*
Plinius, *Naturkunde* 12, 129, 149, 163
Poleiminze 97, 107
Polen 11, 33, 61, 75, 121, 149
Polenta 39
Pollio Romulus 147, 163
Pommern 77
Preußen 11, 33, 73
Primärbier 71; s. auch Sekundärbier
Produkte 35, 57
ptisana s. Grütze

Rathenow 77
Rauch 39, 43, 63, 67
Rauke 47
Rembert Dodoens s. Dodonaeus
Rhein 19
Rosen 97, 103
Rosinen 157
Rosmarinbier 107
Rostock 83

Sachsen 19
Safran 147
Salbei 103
Salzwedel 77
Sardinien 155
Sauerteig 95
Schaum 69, 95, 153
Schilfrohr 63
Schlehe 115
Schoellhorn, Fritz 7, 13, 169
Schweine 97
Schweiß, Schwitzen 103, 111
Sekundärbier 69, 95, 131, 135
Seth s. Symeon Seth
Sommerbier 81
Speichelfluss 39, 131
Steinleiden 105, 159
Stolp (Słupsk) 77
Stuhlgang 93, 103, 113, 115, 153, 159
Symeon Seth 12, 53, 121, 169

Tacitus 7
Tausendgüldenkraut 113
Thüringen 11, 63, 85, 87
Thymian 151
Torgau 61, 87, 89

Trauben, Traubenkerne 55, 135
Urin, Harn 51, 59, 63, 77, 81, 83, 103, 105, 111, 113, 115, 153
Verdauung 17, 45, 59, 63, 73, 93, 107, 113, 123, 131, 139, 156
Vergil 12, 87
Verstopfungen 41, 55, 63, 105, 109, 113, 123, 165
Vigo, Johannes 12, 131

Wacholder 111
Wahnsinn 41
Wasser 10–11, 17, 33, 37, 41, 43, 45, 49, 55, 61, 69, 77, 81, 93, 95, 97, 121, 125, 131, 133, 135, 137, 141, 147, 149, 159
Wassersucht 103, 113
Wechselfieber 107
Wein 7, 10–11, 21, 45, 47, 53, 55, 57, 61, 75, 81, 95, 107, 109, 125, 135, 147, 149, 151, 163
Weinersatz 51
Weinessig 97
Weinhefe 95
Weizen, Weizenbier 10–11, 33, 41, 43, 51, 55, 57, 69, 79, 81, 121, 127, 129
Wermut 101, 103, 155
Wernerus 8, 13
Wildfleisch 97
Willichius 7, 13
Wittenberg 9, 89, 169
Wurm 103, 113
Wurzen 89

Ysop 105

Zahn, Zahnschmerzen 95, 103
Zedrachbaum 151
Zerbst 83
Zimt 147
Zitronenmelissen 109
Zythos 8–10, 39, 49, 51, 53, 121

DE CEREVISIA: Bierliteratur des 16. Jahrhunderts

Im 16. Jahrhundert wurde die Herstellung von Bier erstmals Gegenstand von gelehrten Publikationen. Die ersten drei Bände der Reihe präsentieren alle einschlägigen neulateinischen Zeugnisse zweisprachig und eröffnen damit einen unmittelbaren Zugang zur Geschichte der Braukunst.

Bd. 1: Antonius Gazius u. a.: *De Cerevisia.* Vier lateinische Schriften vom Bier (1546–1567)

ISBN -978-3939526-75-9 104 Seiten – 6.-- €

Wein hat die Menschheit seit der Sintflut begleitet, und auch Jesus Christus trank Wein. Jena heißt nach dem hebräischen Wort für Wein, Weimar eigentlich Weinmarkt und Bacharach nach einem Bacchus-Altar. Bier hingegen wird in der Bibel nicht einmal erwähnt, auch wenn die alten Ägypter von einem Gerstengebräu gewusst haben sollen. Aber in Regionen, in denen Wein nicht hergestellt werden kann, ist Bier aus Weizen oder Gerste ein beliebtes Getränk, und die verschiedenen Methoden der Herstellung und Lagerung haben jeweils eigene Folgen für die Verträglichkeit des Getränks und für die Gesundheit der Trinkenden.

Die vier frühesten lateinischen Bierbücher aus dem 16. Jahrhundert, denen diese Thesen entnommen sind, werden hier erstmals zweisprachig zugänglich gemacht. Eine Beigabe stellt die Namen von lokalen Bieren zusammen, die damals so manche Leute »schon mit den bloßen Namen durstig machten«.

Bd. 3: Thaddaeus Hagecius: *De Cervisia Opusculum* / Werkchen über das Bier (1585). Beigabe: Johannes Caius: *De Ala et Bera* (1556)

ISBN 978-3939526-77-3 128 Seiten – 7.-- €.

Thaddaeus Hagecius (Tadeas Hajek, 1525-1600) aus Prag (Praha) studierte in Wien, Bologna und Mailand (Milano) und war bereits als Dreißigjähriger Mathematik-Professor an der Universität Prag, wo er auch als Arzt wirkte; später wurde er auch kaiserlicher Leibarzt. Auf Anregung eines Kollegen schrieb er 1585 auf Latein ein Buch über das in Böhmen gebraute Bier mit einer ausführlichen Darstellung der Brauverfahren. Das Werk wird hier zusammen mit einem zweiten, ebenfalls neulateinischen Werk über regionale Gebräue in England präsentiert: dem Kapitel über »Ale« und »Beer« des Johannes Caius (1555).

Die wichtigen lateinischen Zeugnisse von Caius und Hagecius für das regionale Bierbrauen im 16. Jahrhundert werden hier zweisprachig zugänglich gemacht

Zwei weitere Bände zur deutschsprachigen Bierliteratur des 16. Jahrhunderts sind in Vorbereitung.

www.kartoffeldruck-verlag.de